Cet ouvrage a été réalisé en partenariat avec **Maspatule**, site français de vente en ligne spécialisé dans les ustensiles de cuisine et de pâtisserie.
Pâtissier en herbe ou cordon bleu, révélez le cooker qui est en vous grâce à une sélection de plus de 10 000 produits.
Retrouvez les ustensiles nécessaires à la préparation de ces délicieuses recettes sur le site de notre partenaire **maspatule.com** ou en scannant le QR code ci dessous.

Scannez moi !

Stylisme et photographies culinaires : Amandine Avril
À l'exception de p. 4 : © Lou Breton ; p. 8 : © Bernard Mie.

Illustrations : Marie Desbons
Graphisme : Bénédicte Lainé-Lakhal
Relecture : Jacqueline Martinez
Fabrication : Isabelle Gaudon
Préparation et accompagnement de la séance photos : Jeanne de Bazelaire

7 bis rue de Montlhéry - 91400 Orsay
ISBN : 978-2-491683-07-8
Dépôt légal : octobre 2021
Imprimé en Lituanie

www.editions-baribal.com

Les délices de Reine

35 DESSERTS GOURMANDS

Baribal
ÉDITIONS

OCÉAN

J´ai eu la chance de rencontrer Reine lors de la saison 9 du *Meilleur Pâtissier*, en 2020. Son sourire, sa gentillesse et son talent de pâtissière m´ont bien évidemment séduite. Et je suis certaine que sa bonne humeur et sa simplicité ont participé à la réussite de l´émission cette année-là.

Reine propose une pâtisserie maîtrisée et très équilibrée, aux parfums subtils, parfois audacieux, mais toujours très justes. Cette alchimie délicate se retrouve dans toutes ses recettes, qu´elles concernent un entremets sophistiqué ou un gâteau plus simple destiné à un goûter d´enfants. Des réalisations ambitieuses et pourtant à la portée de tous… à condition naturellement de bien lire la recette !

N´oubliez pas que la pâtisserie demande avant tout de la rigueur, du temps et de bons produits.

Nous pâtissons avant tout pour faire plaisir, transmettre et partager ! Un axiome qui, justement, pourrait bien résumer la pâtisserie de Reine…

Mercotte

Sommaire

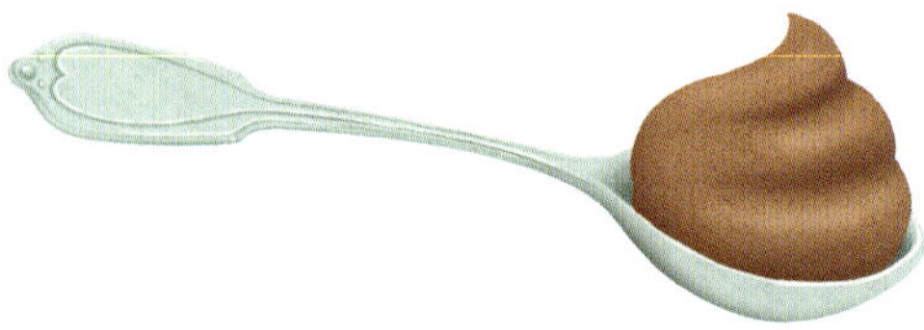

Bienvenue à tous !

Je suis ravie, famille, amis, lecteurs et téléspectateurs, de vous accueillir un peu dans ma cuisine grâce à ce livre de recettes. Et très heureuse d'avoir ainsi l'opportunité de partager avec vous tous, qui m'avez tant soutenue, mes modestes connaissances en pâtisserie… Un monde qui, vous l'avez compris, me plaît tant !

Bien sûr, je suis une simple amatrice et vous trouverez dans ce livre des recettes simples et d'autres plus complexes. Soyez certains cependant que toutes me ressemblent, ainsi que les associations de goûts que je vous y propose. Même si, bien sûr, les grands chefs pâtissiers sont une inépuisable source d'inspiration…

Ce que je veux vous dire surtout : n'hésitez pas, lancez-vous ! J'espère que la pâtisserie vous apportera autant de joie qu'à moi quand vous régalerez vos convives. Il vous suffira pour cela d'un peu de précision et de bonne humeur. Et ainsi, magie du partage dans la pâtisserie, vous vous ferez plaisir en faisant plaisir.

À vos spatules, chers amis !

Amicalement,

Reine

À propos des ingrédients

Pistaches, amandes, noisettes et fruits secs en général

Il existe des distributeurs dans presque toutes les grandes surfaces. Pour les grandes quantités, vous pouvez aussi vous tourner vers des sites de pâtisserie sur internet.

Yuzu, thé matcha et sésame noir

Vous trouverez ces ingrédients particuliers dans des magasins spécialisés dans les produits asiatiques. Et naturellement, avec facilité, sur internet.

Purées de fruits, chocolat de couverture, glucose, gélatine, pectine, beurre de cacao, spray velours

Ces ingrédients variés seront disponibles dans plusieurs types de points de vente potentiels : grands magasins de frais, grandes surfaces, magasins spécialisés et sites internet.

Hibiscus séché

Pour trouver cette fleur séchée, si elle ne pousse pas dans votre jardin, rendez-vous chez un herboriste ou sur internet.

Beurre sec

À ma connaissance, cet ingrédient se commande en général chez un fromager.

Retrouvez l'ensemble de ces ingrédients et tous les outils du pâtissier sur maspatule.com

Le matériel indispensable du bon pâtissier

- Maryse (au moins 2)
- Robot pâtissier avec fouet, crochet et feuille
- Thermomètre, de préférence thermosonde
- Douilles (3 ou 4 différentes)
- Poches à douilles jetables
- Mixeur
- Mixeur plongeant
- Spatule
- Balance de précision
- Plaque à four
- Papier cuisson
- Congélateur (pour les entremets)
- Cercles à pâtisserie 18 et 16 cm (car tous les entremets peuvent aussi être faits dans un cercle)

Où trouver le matériel nécessaire pour pâtisser ?

L'ensemble des outils du pâtissier - moules, cercles à tartes, cercles à pâtisserie, poches à douilles et autres -, se trouveront sans difficulté en magasins spécialisés et sur internet.

Afin de vous aider à ne rater aucune des recettes, j'ai réalisé des tutoriels vidéo pour expliquer et montrer onze gestes techniques de pâtisserie.
Ces vidéos sont accessibles via le code ci-contre. Pour l'utiliser, téléchargez sur votre téléphone ou votre tablette une application gratuite de QR Code.
Puis sélectionnez l'appareil photo et scannez le code.

Avant de vous lancer dans la préparation d'une recette, prenez le temps de découvrir ces petites préparations régulièrement utilisées dans les préparations. Vous trouverez facilement dans le commerce ces composants déjà prêts à l'emploi… Mais vous pouvez aussi décider de les réaliser vous-mêmes. En conférant ainsi à votre pâtisserie un goût incomparable !

Pâte feuilletée inversée

recette de Mercotte

1 La détrempe

EAU FROIDE : 15 g

VINAIGRE D'ALCOOL BLANC : 1 cuillère à soupe

FLEUR DE SEL : 15 g

FARINE : 350 g

BEURRE SEC FONDU REFROIDI : 115 g

Dissoudre le sel dans l'eau et le vinaigre.

Dans le bol du robot muni de la feuille, mettre la farine tamisée et l'eau salée vinaigrée. Mélanger à vitesse lente puis ajouter le beurre fondu refroidi.

Mélanger à vitesse lente jusqu'à ce que la pâte soit lisse.

Fariner légèrement le plan de travail et donner avec le rouleau à la pâte la forme d'un rectangle d'environ 4 cm d'épaisseur.

2 Le beurre fariné

BEURRE SEC : 375 g

FARINE : 150 g

Dans le bol du robot muni de la feuille, mettre le beurre en petits morceaux puis la farine. Mélanger à vitesse lente jusqu'à ce que la farine soit complètement absorbée par le beurre.

Aplatir le beurre fariné en lui donnant la forme d'un rectangle. Puis filmer et réserver pendant au moins 1 h au réfrigérateur.

3 Le tourage

BEURRE SEC :
375 g

FARINE :
150 g

Après le temps de repos, étaler la détrempe sur le plan de travail fariné en forme de rectangle d'environ 2 cm d'épaisseur.

Étaler ensuite le beurre fariné en un rectangle, deux fois plus grand que la détrempe.

Poser le petit rectangle au milieu du grand rectangle et replier les bords pour l'enfermer.

Étaler la pâte devant vous pour obtenir un rectangle d'environ 8 mm d'épaisseur, puis donner un tour double.

Replier 1 sur 2
et 4 sur 3

et ensuite 1+2
sur 3+4

On obtient
un tour double

Filmer et laisser reposer pendant environ 2 h au réfrigérateur.

◆ ◆ ◆

Après 2 h, étaler de nouveau le feuilletage en gardant la pliure à droite. Puis refaire un tour double et remettre au réfrigérateur pendant environ 2 h.

Étaler une dernière fois, plier à droite et donner un tour simple (plier 1 sur 2, puis le résultat sur 4). Tapoter la pâte au rouleau pour bien la souder.

Réserver pendant 2 h au réfrigérateur. L'idéal est de réaliser la pâte feuilletée la veille de son utilisation. Elle se congèle très bien.

Réaliser deux disques de 20 à 22 cm.

Pâte de pralin

AMANDES AVEC LA PEAU :
100 g

NOISETTES AVEC LA PEAU :
100 g

SUCRE EN POUDRE :
130 g

EAU (MINÉRALE DE PRÉFÉRENCE) :
40 g

HUILE DE PÉPINS DE RAISIN :
1 ou 2 cuillères à soupe

Ce pralin peut être utilisé seul ou comme ingrédient d'une crème pralinée. Il se conserve dans une boîte hermétique au frais pendant une à deux semaines.

Torréfier les amandes et les noisettes au four préchauffé à 170 °C pendant 15 à 20 minutes. Puis laisser refroidir.

Enlever la peau des noisettes en les frottant avec les mains, et conserver les amandes avec leur peau.

Préparer un sirop avec l'eau et le sucre sur feu vif. Lorsque le sirop atteint 118 °C, y verser les amandes et les noisettes. Remuer sans s'arrêter : le mélange va d'abord blanchir puis caraméliser.

S'assurer que les fruits secs sont bien enrobés de caramel. Puis les étaler sur une plaque pour les laisser refroidir.

Lorsque c'est froid, casser grossièrement les fruits caramélisés et les placer dans un mixeur. Mixer ensuite par impulsions.

Lorsque les fruits sont réduits en poudre, ajouter une cuillère à soupe d'huile et continuer à mixer jusqu'à obtenir une pâte fine. Si le mixeur peine, ajouter un peu d'huile.

Pâte de pistaches

PISTACHES MONDÉES NON SALÉES :
125 g

EAU (MINÉRALE DE PRÉFÉRENCE) :
17 g

SUCRE EN POUDRE :
65 g

POUDRE D'AMANDES :
30 g

HUILE DE PÉPINS DE RAISIN :
1/2 cuillère à soupe

Torréfier les pistaches dans le four préchauffé à 160 °C pendant 10 minutes environ, jusqu'à ce qu'elles brunissent et s'ouvrent légèrement.

Faire chauffer l'eau et le sucre à 120 °C. Ajouter alors les pistaches torréfiées puis mélanger sans cesser de remuer. Elles vont s'enrober d'une pellicule de sucre blanche.

Les placer ensuite dans le mixeur avec la poudre d'amandes et l'huile. Mixer par impulsions jusqu'à obtenir une pâte assez fine et légèrement brune. Celle-ci redeviendra verte lors de l'incorporation à une autre préparation.

Caraméliser des pistaches ou des noisettes

Torréfier

Cette pâte se conserve dans une boîte hermétique au frais pendant une quinzaine de jours.

Praliné aux amandes

AMANDES AVEC LA PEAU :
200 g

SUCRE SEMOULE :
100 g

EAU (MINÉRALE DE PRÉFÉRENCE) :
30 g

Torréfier les amandes dans le four préchauffé à 165 °C pendant 10 à 15 minutes. Puis les garder au chaud.

Préparer un caramel avec le sucre et l'eau. Lorsque le caramel est bien blond, le verser sur les amandes chaudes toujours sur leur plaque.

Après refroidissement, casser en morceaux et mixer par impulsions pour obtenir un praliné. Si le mixeur peine un peu, ajouter une cuillerée à café d'huile de pépins de raisin.

Ce praliné se conserve dans une boîte hermétique au frais pendant une quinzaine de jours. En suivant la même recette, il est possible de préparer du praliné avec d'autres fruits secs : pécan, macadamia, noisettes, noix du Brésil et pistaches.

Beurre de cacahuètes

CACAHUÈTES NON SALÉES :
200 g

SUCRE :
50 g

SEL :
1 pincée

HUILE D'ARACHIDE :
1 ou 2 cuillères à café

Torréfier les cacahuètes dans le four préchauffé à 155 °C pendant 10 à 15 minutes.

Préparer un caramel blond à sec en plaçant le sucre directement dans la casserole sur le feu. Puis verser les cacahuètes dedans.

Bien les enrober et placer ensuite sur une plaque pour laisser refroidir.

Casser en morceaux et placer dans le mixeur avec le sel et une cuillère à café d'huile. Mixer ensuite par impulsions jusqu'à obtenir une pâte fine. Si le mixeur peine, rajouter un peu d'huile.

Ce beurre de cacahuètes se conserve dans une boîte hermétique au frais pendant deux à trois semaines. Il fera merveille, par exemple dans vos brownies au chocolat !

Les gâteaux du dimanche

Charlotte aux poires

La poire, fruit préféré de mon fils Hervé ! Autant dire qu'il était impensable de ne pas présenter cette charlotte. Mais attention aux mesures du biscuit cuillère ! J'avais raté le tour de mon gâteau avec ce biscuit trop petit pendant *Le Meilleur Pâtissier*… Même si, heureusement, le jury s'est régalé !

1 Biscuit à la cuillère

BLANCS D'ŒUFS : *180 g (3)*

SUCRE EN POUDRE : *100 g*

JAUNES D'ŒUFS : *98 g (3)*

FÉCULE DE MAÏS OU DE POMME DE TERRE : *60 g*

FARINE : *60 g*

SUCRE GLACE : *50 g*

Préchauffer votre four à 200 °C.

Monter les blancs en neige en ajoutant le sucre petit à petit.

Incorporer les jaunes à la maryse.

Ajouter la farine et la fécule tamisée.

Avec la moitié de la préparation, sur une plaque à pâtisserie recouverte de papier cuisson, pocher des bandes de biscuit pour faire le tour intérieur du moule. Avec l'autre moitié, pocher deux disques de la taille du moule. Saupoudrer deux fois de sucre glace à 5 minutes d'intervalle.

Mettre au four préchauffé à 200 °C pendant 8 à 10 minutes.

Démouler à la sortie du four. Imbiber les biscuits de sirop, mettre les bandes à l'intérieur du moule garni de rhodoïd et un cercle au fond.

Même si, pour la réalisation du biscuit, on peut utiliser de la Maïzena, je préfère pour ma part la fécule de pomme de terre : elle donne un résultat plus aérien.

2 Sirop d'imbibage

EAU :
120 g

SUCRE :
60 g

RHUM :
3 cuillères à soupe

Faire chauffer l'eau et le sucre. Lorsque le sucre est fondu, ajouter le rhum.

Garder tiède pour imbiber.

Si vous avez opté pour les poires au sirop, réservez le sirop. Il suffit ensuite de le mélanger avec du rhum pour imbiber les biscuits, dans une proportion de 150 g de sirop et 3 cuillères à soupe de rhum.

3 Ganache au chocolat au lait

CHOCOLAT AU LAIT :
155 g

PURÉE DE POIRES :
80 g

BEURRE :
13 g

MIEL :
18 g

Faire fondre le chocolat au bain-marie avec le beurre.

Ajouter la purée de poires tiède et le miel.

Pocher la moitié de la ganache sur le disque de biscuit au fond du moule.

On peut aussi réaliser soi-même la purée de poires : pour cela, prenez des poires au sirop, égouttez-les bien et mixez-les finement. Le tour est joué !

4 Mousse à la poire

PULPE DE POIRE :
325 g

CRÈME LIQUIDE :
280 g

SUCRE :
30 g

POIRES CONFÉRENCE :
2

CITRON :
1

GÉLATINE :
8 g

Tremper la gélatine dans de l'eau froide pendant 10 minutes.

Peler les poires et les couper en brunoise, c'est-à-dire en petits cubes réguliers de 1 cm de côté. Verser un peu de jus de citron et réserver.

Faire tiédir un peu de pulpe de poire avec le sucre, ajouter la gélatine essorée.

Ajouter le reste de pulpe de poire et mixer.

Monter la chantilly :

Ajouter la crème très froide dans votre récipient et mélanger la préparation au fouet à vitesse maximale.

Ajouter le sucre, puis fouetter de nouveau jusqu'à l'obtention d'un bec d'oiseau.

Incorporer la chantilly à la pulpe de poire.

Montage de la charlotte

Mettre dans le moule, sur la ganache, la moitié de la mousse et la moitié de la brunoise.

Poser le deuxième disque imbibé, mettre le reste de ganache au chocolat, poser dessus l'autre moitié de brunoise et terminer par le reste de mousse.

Réserver minimum 6 h au réfrigérateur.

Au moment de servir, parsemer de copeaux de chocolat.

Tartelettes pommes pistaches flambées au calvados

Lors d'un séjour en Normandie, à tous les repas on nous avait servi un verre de calvados. N'étant pas très friande d'alcool, cela m'avait donné l'idée de détourner le trou normand en l'associant aux pommes… En s'offrant en prime un flambage toujours festif !

1 Pâte sucrée à la pistache

BEURRE POMMADE : *120 g*

SUCRE GLACE : *100 g*

FARINE : *250 g*

ŒUF : *1*

POUDRE DE PISTACHES : *25 g*

FLEUR DE SEL : *1 pincée*

Au robot, crémer le beurre et le sucre glace pour obtenir une texture de crème. Ajouter la poudre de pistaches et l'œuf.

Incorporer la farine tamisée et le sel. Ne pas trop travailler la pâte.

Former une boule et mettre au froid dans un film alimentaire pendant 30 minutes.

Étaler la pâte sur le plan de travail fariné.

Foncer les cercles beurrés, piquer le fond des tartelettes. Mettre éventuellement des billes de céramique et cuire dans un four préchauffé à 170 °C pendant 15 à 20 minutes.

Un point de vigilance lors de la cuisson de la pâte sucrée : l'ajout de poudre de pistaches apporte un peu de gras supplémentaire. Et la cuisson s'en trouvera donc un peu plus longue.

2 Pommes rôties

POMMES GOLDEN :
8

SUCRE SEMOULE :
150 g

BEURRE :
100 g

CALVADOS :
20 cl

VANILLE EN POUDRE :
2 pincées

Peler les pommes à l'emporte-pièce. Les tailler en cylindres d'un diamètre un peu inférieur aux cercles à tartes.

Vider l'intérieur au vide-pommes.

Détailler les pommes en rondelles avec la mandoline.

Au fond des moules, mettre du sucre et un peu de beurre.

Superposer les rondelles de pommes dans le moule en ajoutant le sucre, le beurre, la vanille et le calvados.

Cuire au four préchauffé à 200 °C pendant 20 à 30 minutes.

Les pommes doivent être fondantes mais se tenir.

3 Crème à la pistache

PISTACHES :
150 g

LAIT ENTIER :
1/2 litre

VANILLE EN GOUSSE :
1

JAUNES D'ŒUFS :
4

SUCRE SEMOULE :
80 g

FARINE :
40 g

BEURRE :
30 g

PÂTE DE PISTACHES :
40 g

SUCRE GLACE :
50 g

CRÈME LIQUIDE :
100 g

Torréfier les pistaches au four à 160 °C.

Laisser refroidir et mixer avec le sucre glace jusqu'à obtention d'une pâte.

Faire chauffer le lait avec la gousse de vanille fendue et grattée.

Blanchir les jaunes d'œufs et le sucre semoule, ajouter la farine tamisée.

Verser un peu de lait chaud sur le mélange œufs-sucre-farine.

Reverser dans la casserole et cuire sans cesser de remuer pendant 3 minutes après ébullition.

Enlever la gousse de vanille et mettre cette crème dans le robot, fouetter doucement pour refroidir. Ajouter le beurre et la pâte de pistaches.

Monter les 100 g de crème en chantilly et incorporer avec la maryse à la crème pâtissière. Mettre en poche à douille et réserver au frais.

Torréfier

4. Pistaches caramélisées

PISTACHES :
150 g

SUCRE SEMOULE :
100 g

EAU :
40 g

Torréfier les pistaches au four.

Faire un sirop avec le sucre et l´eau. Lorsque le sucre est fondu, ajouter les pistaches et remuer constamment. Le sucre va blanchir les pistaches.

On peut les mettre sur une plaque pour les utiliser telles quelles, ou continuer à remuer pour qu´elles caramélisent.

Montage des tartelettes

Caraméliser des pistaches ou des noisettes

Sur le fond de tarte cuit, pocher la crème pâtissière à la pistache.
Faire un léger creux au milieu pour la pomme fondante.
Entourer la pomme avec les pistaches torréfiées et légèrement caramélisées.

Faire chauffer le calvados et flamber les tartelettes.

Baba au rhum & aux oranges

Le gâteau préféré de mon mari Bernard, amateur de rhums d'exception ! Moi, j'avoue que j'adore, sans trop m'en vanter devant lui, utiliser un rhum millésimé pour le sirop d'imbibage… Une recette qui exige néanmoins un bon tour de main pour réussir l'imbibage !

1 Pâte à baba

FARINE : *185 g*

SUCRE SEMOULE : *20 g*

SEL FIN : *4 g*

LEVURE BOULANGÈRE FRAÎCHE : *12 g*

LAIT ENTIER : *8 g*

ŒUFS ENTIERS : *120 g (2)*

BEURRE POMMADE : *60 g*

ORANGE : *1 zeste (garder les suprêmes pour le montage)*

Préparer des suprêmes d'agrumes

Attention à la température du lait utilisé pour délayer la levure ! S'il est trop chaud, il détruira les ferments. Et la pâte du gâteau ne montera pas.

Dans le bol du robot, avec le crochet, mettre la farine, le sel, le sucre et le zeste d'orange.

Délayer la levure dans le lait tiédi dans un bol à part.

Verser petit à petit le mélange lait-levure sur la farine en pétrissant à vitesse lente.

Battre les œufs, puis les verser peu à peu dans le robot, en continuant à pétrir à vitesse lente. La pâte doit se détacher de la paroi du robot.

Incorporer le beurre pommade en trois fois, en veillant à ce qu'il soit bien mélangé à la pâte avant chaque ajout, toujours à vitesse lente.

On doit obtenir une pâte très élastique, un peu collante.

Laisser pousser la pâte au chaud, entre 27 °C et 30 °C, pendant 45 minutes, par exemple dans un four à micro-ondes éteint.

Beurrez de petits moules (ou un grand), installer la pâte qui ne doit pas dépasser les 2/3 de la hauteur du moule.

Remettre à pousser 30 minutes au chaud.

Cuire au four préchauffé à 180 °C pendant 20 minutes en surveillant la cuisson.

2 Sirop d'imbibage au rhum et à l'orange

SUCRE SEMOULE : *180 g*

EAU : *520 g*

CITRON : *1 zeste*

ORANGE : *1 zeste*
(garder les suprêmes pour le montage)

VANILLE : *1 gousse*

RHUM : *120 g*

Faire bouillir l'eau et le sucre.

Toujours sur le feu, ajouter le zeste, la vanille coupée en deux et grattée, et le rhum.

Couvrir et laisser mijoter 15 à 20 minutes.

Avant d'utiliser, filtrer le sirop.

> Pour renforcer le goût de rhum, voici un petit truc : ajouter au mélange une cuillère à soupe de rhum non cuit. À éviter pour les enfants, tout de même...

3 Nappage pour les babas

CONFITURE D'ABRICOTS : *250 g*

SUCRE SEMOULE : *30 g*

GÉLATINE EN FEUILLES (2g) : *2*

Réhydrater la gélatine dans l'eau froide.

Faire chauffer la confiture d'abricots avec le sucre.

Hors du feu, ajouter la gélatine et réserver.

4 Chantilly à la fleur d'oranger

CRÈME LIQUIDE ENTIÈRE : *300 g*

SUCRE GLACE : *20 g*

EAU DE FLEUR D'ORANGER : *1 cuillère à soupe*

ORANGES : *2*

▶ Préparer des suprêmes d'agrumes

Mettre votre fouet et le bol au congélateur.

Mettre la crème dans le bol glacé et fouetter à vitesse rapide.

Lorsque la crème est presque montée, ajouter la fleur d'oranger et ensuite le sucre glace. Donner un dernier coup de fouet pour serrer la chantilly qui tiendra mieux.

Mettre dans une poche à douille et réserver au frais.

Peler deux oranges à vif et détacher les quartiers sans laisser de peau blanche. Bien les sécher sur du papier absorbant.

Montage des babas

Tremper ou arroser les babas dans le sirop chaud (bien imbibé, c'est meilleur). Attention, car l'imbibage va les fragiliser !

Faire fondre le nappage et recouvrir les babas. Cela va les rendre brillants.

Dresser un chapeau de chantilly sur les babas, et décorer avec les suprêmes d'oranges.

Tarte amandine aux figues
& framboises

J'ai imaginé cette tarte en cueillant des figues chez mes amis Alain et Ana, en Espagne. Mon idée était d'associer l'acidité des framboises pour équilibrer un peu l'effet sucré des figues… Pour vous donner toutes les chances d'un résultat à la hauteur, respectez bien les étapes de la recette !

1 Pâte sucrée

FARINE :
250 g

BEURRE POMMADE :
120 g

SUCRE GLACE :
100 g

ŒUF :
1

POUDRE D'AMANDES :
25 g

SEL :
3 g

VANILLE EN POUDRE :
1 pincée

Crémer le beurre et le sucre. Incorporer l'œuf, le sel et la vanille en poudre.

Ajouter la farine et la poudre d'amandes.

Étaler légèrement entre deux feuilles de papier cuisson et mettre au frais 15 minutes.

À la sortie du frigo, finir d'étaler la pâte et foncer un moule à tarte préalablement beurré.

Au fond du moule, mettre un rond de papier cuisson et des billes de céramique.

Précuire la pâte à 170 °C pendant 10 minutes.

2 Crème amandine aux figues

POUDRE D'AMANDES :
90 g

SUCRE GLACE :
100 g

BEURRE POMMADE :
90 g

ŒUFS :
2

FARINE :
1 cuillère à soupe

VANILLE EN POUDRE :
1 pincée

FIGUES :
3 ou 4

Mettre tous les ingrédients dans le robot. Lorsque la pâte est bien lisse, la déposer sur le fond de tarte précuit.

Couper les figues en petits morceaux et les disposer sur la crème amandine en les enfonçant légèrement.

Cuire au four préchauffé à 170 °C pendant environ 20 minutes. La pâte doit être bien dorée. Réservez.

3 Compotée de figues-framboises

FRAMBOISES :
200 g

FIGUÉS :
300 g

SUCRE MUSCOVADO :
60 g

PECTINE :
3 g

Faire compoter les figues coupées en morceaux avec 50 g de sucre muscovado.

Lorsque les figues sont à mi-cuisson, ajouter les framboises et la pectine mélangées à 10 g de sucre muscovado.

Poursuivre la cuisson 3 minutes.

Si vous voulez optimiser le rendu de cette tarte, choisissez des figues de la même taille. Lorsque vous les placerez, le rendu sera plus élégant !

Montage de la tarte

SUCRE EN POUDRE : *100 g*

EAU : *50 g*

GÉLATINE EN FEUILLES (2g) : *1*

FIGUES : *600 g*

Étaler sur la pâte froide la compotée de figues-framboises.

Couper en quatre les figues fraîches et les disposer en couronne sur la compotée.

Faire un sirop léger avec le sucre et l'eau. Lorsque le sucre est fondu, ajouter une feuille de gélatine réhydratée. Puis, avec un pinceau, passer ce sirop sur les figues.

Cette dernière étape est facultative, mais le résultat est plus joli !

Tartelettes
aux noisettes

C'est en écoutant Philippe Conticini parler de sa passion pour les noisettes du Piémont que l'idée gourmande d'une tartelette m'est apparue… Une vision béatifique qui ne doit pas faire oublier de surveiller attentivement la torréfaction et la cuisson de la pâte jusqu'à une jolie couleur bois foncé.

1 Pâte sucrée aux noisettes

FARINE : *220 g*

BEURRE : *100 g*

SUCRE GLACE : *75 g*

ŒUF : *1*

POUDRE DE NOISETTES : *30 g*

SEL : *une pincée*

Crémer le beurre, le sucre glace et le sel.

Ajouter l'œuf, puis la farine tamisée et la poudre de noisettes.

Ne pas trop travailler la pâte.

Étaler grossièrement la pâte entre deux feuilles de papier cuisson et mettre au frais pendant 30 minutes.

À la sortie du réfrigérateur, étaler la pâte sur le plan de travail fariné sur 3 mm d'épaisseur.

Foncer les cercles à tartelettes, piquer les fonds de tarte et mettre un papier cuisson au fond et des billes de céramique.

Pour éviter que la pâte rétrécisse à la cuisson, réserver au frais pendant 15 minutes ou 5 minutes au congélateur.

Cuire au four préchauffé à 170 °C pendant 10 minutes.

Torréfier

Vous pouvez faire votre poudre de noisettes.
Pour cela, torréfier les noisettes au four à 160 °C pendant 5 à 10 minutes. Lorsqu'elles sont froides, mixer avec la peau pour obtenir une poudre fine. C'est bien meilleur, et la torréfaction, en plus de rajouter du goût, permet de sécher un peu les noisettes qui lâcheront moins de gras pendant la cuisson de la pâte.

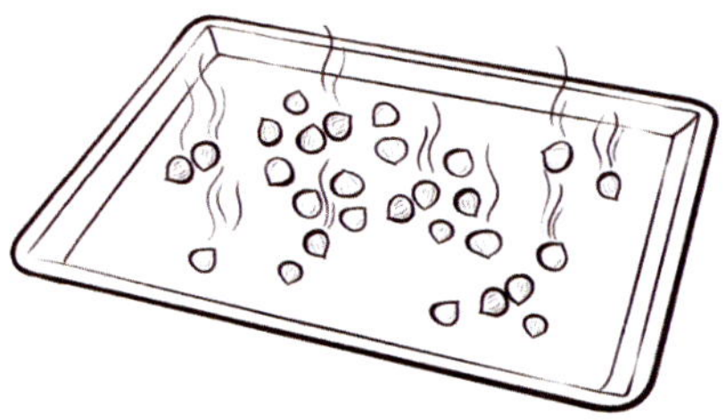

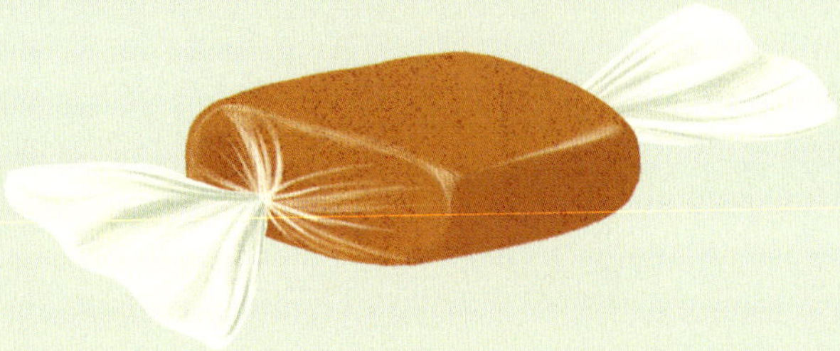

2 Noisettine

BEURRE POMMADE : *100 g*

SUCRE EN POUDRE FIN : *80 g*

POUDRE DE NOISETTES : *100 g*

ŒUF : *1*

FARINE : *20 g*

Dans le robot avec le fouet, crémer le beurre et le sucre, ajouter l'œuf, puis la farine et la poudre de noisettes.

Remplir les tartelettes précuites en ayant ôté préalablement les billes et le papier cuisson.

Mettre la noisettine à mi-hauteur et enfourner à 170 °C pendant 15 à 20 minutes.

Le résultat doit être bien doré.

3 Caramel au beurre salé

SUCRE EN POUDRE : *100 g*

BEURRE SALÉ : *60 g*

CRÈME LIQUIDE À MINIMUM 30 % DE MATIÈRE GRASSE : *250 g*

Faire fondre le sucre en trois fois dans une casserole.

Lorsque le sucre est bien doré, le décuire en ajoutant le beurre en petits morceaux sans cesser de remuer.

Faire chauffer la crème, puis sortir la casserole du feu pour l'ajouter, bien chaude, à la préparation.

Faire cuire en remuant constamment 2 ou 3 minutes. Le caramel va ainsi épaissir un peu.

4 Noisettes au caramel

NOISETTES : *300 g*

Torréfier les noisettes au four préchauffé à 160 °C pendant environ 5 minutes.

Laisser refroidir, puis enlever la peau des noisettes en les frottant entre les mains.

Mettre les noisettes dans le caramel chaud pour bien les enrober.

Si le fond de pâte
que vous avez obtenu n'est pas
assez régulier, vous améliorerez
le rendu en prenant le temps
de le râper.

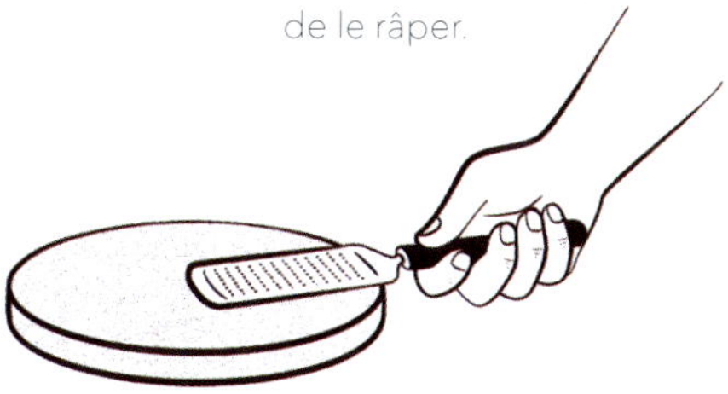

Montage des tartelettes

Démouler les tartelettes à la noisettine.

Si les bords sont irréguliers,
passer un coup de râpe.

Mettre les noisettes caramélisées
dans les tartelettes.

Tarte caramel
& chocolat au lait

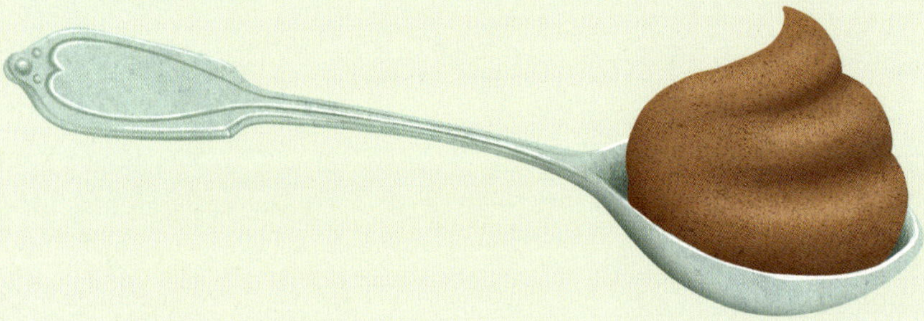

Mon gendre Sylvain étant un fou de caramel et de desserts tout en légèreté, cette tarte suave et réconfortante ne pouvait que lui être dédiée. Dès lors, rien d'étonnant à ce que la mousse au chocolat au lait qui la recouvre doive être aussi vaporeuse qu'un nuage !

1 Mousse au chocolat au lait

CRÈME LIQUIDE À MINIMUM 30 % DE MATIÈRE GRASSE : *150 g*

CHOCOLAT AU LAIT : *210 g*

CRÈME FOUETTÉE : *200 g*

Attention, la mousse doit passer une nuit au réfrigérateur !

Faire légèrement fondre le chocolat.

Faire bouillir la crème liquide. La verser en deux fois sur le chocolat, en remuant vivement avec une maryse pour obtenir une belle émulsion.

Monter la crème fouettée en chantilly assez souple, puis l'incorporer délicatement au chocolat refroidi à 28 °C.

Remplir le moule à empreinte en silicone (kit tarte graphique Silikomart) et réserver une nuit au congélateur.

2 Pâte brisée à la vanille

FARINE :
250 g

BEURRE :
125 g

EAU :
60 g

SEL :
1 pincée

VANILLE :
2 gousses

SUCRE EN POUDRE ROUX :
80 g

Fendre les gousses de vanille, gratter les graines et les recueillir.

Mettre dans un saladier le sucre roux, la farine, le sel, le beurre et les graines de vanille. Bien mélanger et effriter à la main.

Ajouter progressivement l'eau jusqu'à former une pâte qui ne colle plus.

Réserver au frais 15 minutes.

Fariner le plan de travail et étaler la pâte sur 3 mm d'épaisseur.

Foncer un moule de 20-22 cm de diamètre, préalablement bien beurré.

Piquer le fond du moule, mettre un papier sulfurisé au fond avec des billes de céramique.

Laisser reposer 5 minutes au congélateur.

Cuire au four préchauffé à 180 °C pendant 20 à 25 minutes.
La pâte doit être bien dorée.

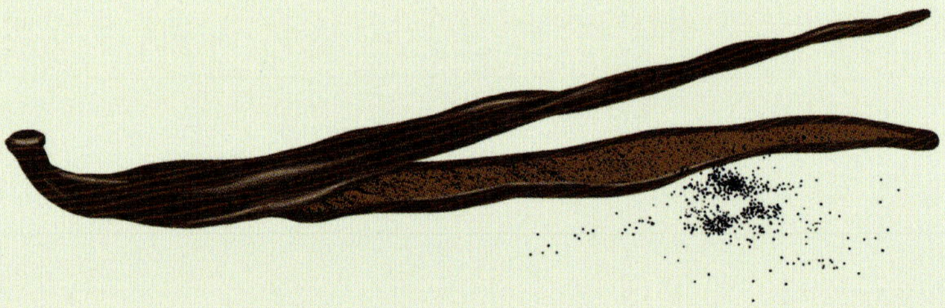

3 Caramel

SUCRE EN POUDRE :
150 g

BEURRE :
60 g

CRÈME LIQUIDE À MINIMUM 30 % DE MATIÈRE GRASSE :
300 g

FLEUR DE SEL :
2 pincées

Faire fondre le sucre dans une casserole en trois fois. Laisser caraméliser.

Ajouter, sans cesser de remuer, le beurre coupé en morceaux.

Faire chauffer la crème et l'ajouter hors du feu sur le caramel.

Remettre sur le feu et cuire environ 5 minutes. Le caramel va épaissir.

Remplir la tarte cuite à mi-hauteur, et laisser bien refroidir.

Si vous n'avez pas de moule à empreinte sous la main, vous pouvez aussi réaliser une spirale sur le caramel avec une poche à douille remplie de mousse au chocolat au lait.

Une astuce pour embellir le résultat final : pensez à saupoudrer la mousse au chocolat au lait de cacao amer.

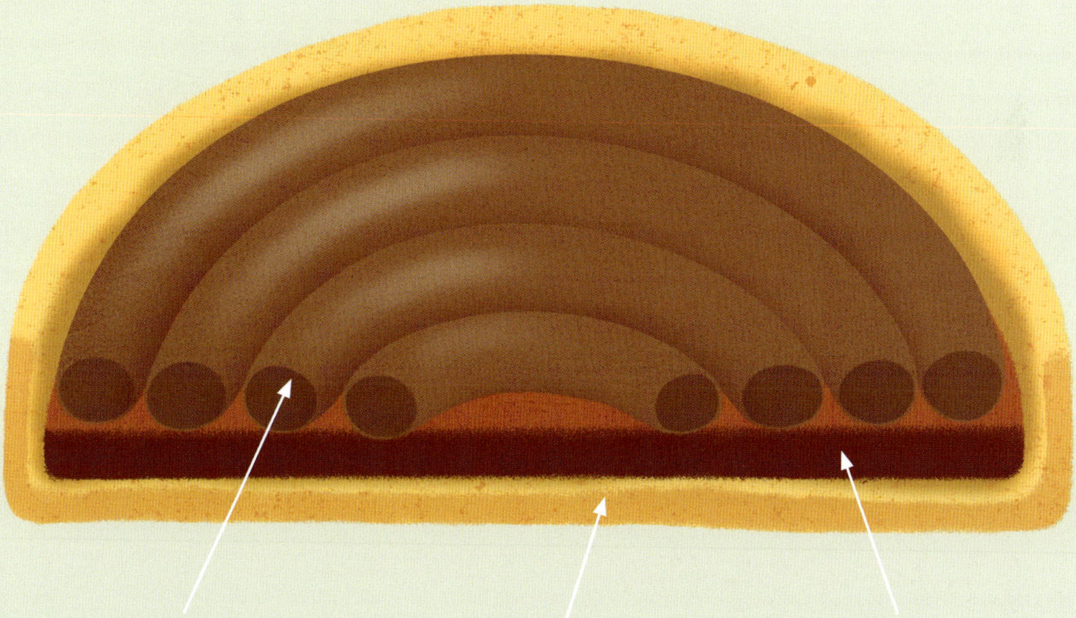

Montage de la tarte

Démouler un entremets

Lorsque la tarte avec le caramel est bien froide, sortir le moule à empreinte du congélateur, le démouler puis le poser sur la tarte.
Poudrer ensuite de cacao.

Les gâteaux pour épater les amis

Entremets thé matcha
& citron yuzu

En dégustant un jour une friandise dans mon restaurant japonais préféré, des moshis au thé matcha, l´idée d´un entremets est apparue. L´occasion d´un hommage à la saveur douce-amère caractéristique du thé matcha, à mon avis gustativement très intéressante

Crémeux au citron yuzu

- GÉLATINE EN FEUILLES (2g) : *1*
- JUS DE CITRON YUZU : *45 g*
- JUS DE CITRON JAUNE : *20 g*
- LAIT ENTIER : *25 g*
- ZESTE DE CITRON JAUNE : *1*
- JAUNES D´ŒUFS : *75 g*
- SUCRE EN POUDRE : *45 g*
- BEURRE : *100 g*
- MAÏZENA : *1 cuillère à café*

Le yuzu étant cher et parfois difficile à trouver, vous pouvez aussi le remplacer par 2/3 de jus de citron vert et 1/3 de jus de mandarine.

Réhydrater la gélatine dans de l´eau froide pendant 10 minutes.

Dans une casserole, verser les jus de yuzu et de citron jaune et le lait. Faire chauffer sans bouillir.

Pendant ce temps, blanchir les jaunes avec le sucre en fouettant au fouet électrique : le mélange doit devenir presque blanc et très mousseux. Ajouter alors la cuillère de Maïzena.

Verser le contenu chaud de la casserole sur le mélange œufs-sucre-Maïzena.

Bien mélanger. Remettre dans la casserole et faire cuire à feu doux sans cesser de remuer. La crème épaissit un peu après environ 3 minutes. Elle est cuite lorsqu´elle nappe la cuillère.

Hors du feu, ajouter la feuille de gélatine essorée et bien mélanger.

Laisser refroidir à 40 °C et ajouter le beurre coupé en morceaux. Mixer au mixeur plongeant.

Mettre dans un moule d´un diamètre inférieur à votre moule à entremets (par exemple, pour un moule à entremets de 20 cm, l´insert doit faire 16 cm).

Mettre au congélateur. Cette préparation peut être réalisée la veille ou l´avant-veille du montage.

Ganache montée au thé matcha

Réaliser une ganache montée

CHOCOLAT BLANC : *300 g*

CRÈME LIQUIDE À MINIMUM 30 % DE MATIÈRE GRASSE : *540 g*

GLUCOSE : *18 g*

THÉ MATCHA EN POUDRE : *3 cuillères à café*

Faire fondre légèrement au bain-marie le chocolat, le glucose et le thé matcha.

Faire chauffer à feu vif 120 g de crème liquide et la verser en trois fois sur le chocolat fondu, en émulsionnant à chaque fois avec une maryse.

Ajouter en une fois 420 g de crème liquide très froide et mélanger.

Filmer au contact (le film touche la crème) et réserver au froid pendant au moins 5 h.

Pour réaliser l'insert, vous pouvez aussi utiliser un cercle ajustable. Il suffit dans ce cas d'utiliser du film pour remplacer le fond.

Dacquoise au thé matcha

FARINE : *35 g*

POUDRE D'AMANDES : *130 g*

SUCRE EN POUDRE : *190 g*

BLANCS D'ŒUFS : *175 g (6)*

THÉ MATCHA EN POUDRE : *1,5 cuillère à café*

Dans un bol, mélanger 130 g de sucre, la farine, la poudre d'amandes et le thé matcha. Réserver.

Dans le robot muni du fouet, monter les blancs en neige en ajoutant 60 g de sucre petit à petit.

Incorporer délicatement le thé et la poudre d'amandes aux blancs en neige avec une maryse.

Étaler sur une plaque garnie de papier cuisson graissé sur 1,5 à 2 cm d'épaisseur.

Cuire au four préchauffé à 180 °C pendant 15 à 20 minutes.

Détailler un cercle de 19 cm et réserver.

Croustillant au sésame noir

PÂTE DE PRALIN : *50 g*

CHOCOLAT BLANC : *25 g*

PÂTE DE SÉSAME NOIR : *25 g*

CRÊPES DENTELLE : *40 g*

THÉ MATCHA EN POUDRE : *1/2 cuillère à café*

FLEUR DE SEL : *1 pincée*

Faire fondre le chocolat au bain-marie avec la pâte de pralin et la pâte de sésame noir.

Ajouter hors du feu les crêpes dentelle émiettées, le thé matcha et la fleur de sel. Bien mélanger.

Étaler sur le disque de dacquoise et mettre au congélateur pendant 15 minutes.

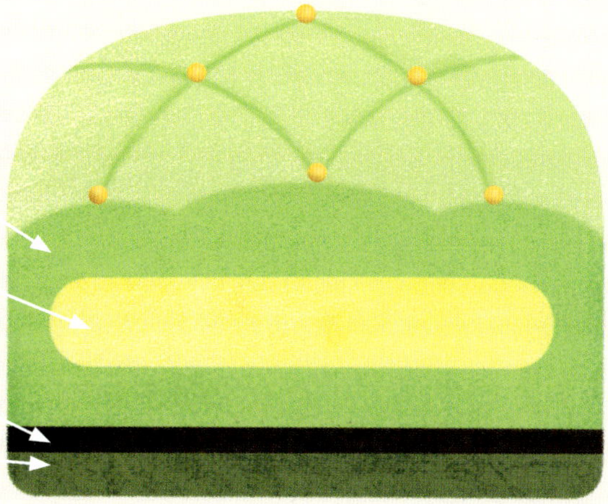

Montage de l'entremets

SPRAY VELOURS BLANC : 1

SPRAY VELOURS VERT : 1

FEUILLE D'OR OU D'ARGENT : 1/2

Récupérer la ganache au thé matcha et la placer dans le bol du robot équipé du fouet préalablement refroidi au congélateur.

Fouetter en surveillant la ganache, qui doit se tenir mais rester assez souple. Attention, cela va très vite !

Mettre la ganache montée dans une poche à douille (pas besoin de douille, couper ensuite l'extrémité de la poche).

Pocher les 2/3 de la ganache au fond du moule en remontant bien sur les bords.

Déposer bien au milieu l'insert crémeux au yuzu encore congelé. Recouvrir l'insert avec le reste de ganache montée et déposer la dacquoise avec le croustillant au contact de la ganache montée. Appuyer un peu pour chasser l'air.

Mettre à congeler pendant au moins 12 h. La préparation peut rester plusieurs jours au congélateur sans problème.

Sortir l'entremets du congélateur 6 h avant la dégustation et le poudrer avec le spray velours blanc, puis bien recouvrir l'entremets.

Vaporiser ensuite un léger nuage avec le spray velours vert.

Décorer avec la feuille d'or ou d'argent et réserver au frais avant la dégustation.

Pour éviter les bulles d'air qui déforment le gâteau, n'hésitez pas à tapoter un moment le moule après l'avoir rempli. Un conseil qui peut avoir son importance esthétique !

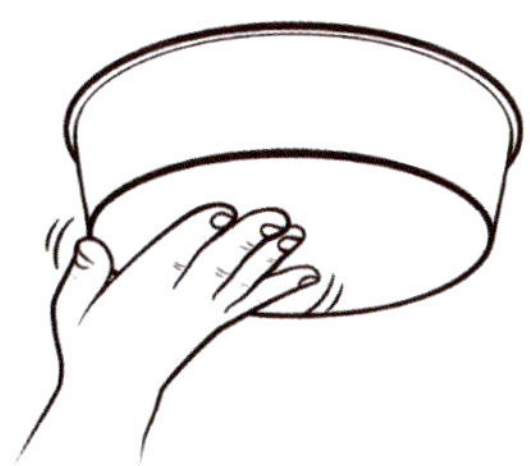

Poudrer un entremets

Démouler un entremets

Entremets américain

Après plusieurs échecs dans la réalisation de la mousse au beurre de cacahuètes, l'obstination a fini par payer : j'ai décidé d'associer carotte et noix de pécan pour obtenir un goût américain authentique. Vous n'êtes pas sûr de comprendre ce que je veux dire ? Eh bien essayez, vous ne le regretterez pas…

Crémeux à la carotte

- CAROTTES : *5*
- JUS D'ORANGE : *25 g*
- SUCRE EN POUDRE : *25 g*
- GÉLATINE EN FEUILLES (2g) : *3,25*
- EAU : *38 g*
- CRÈME LIQUIDE À MINIMUM 30 % DE MATIÈRE GRASSE : *30 g*

Réhydrater la gélatine dans l'eau froide pendant 10 minutes.

Râper les carottes avec une grille fine. Les faire cuire avec les 38 g d'eau pendant environ 10 minutes.

Mixer les carottes cuites et peser 220 g de purée.

Ajouter aux 220 g de cette purée le sucre, le jus d'orange et la crème liquide. Faire chauffer ce mélange à feu moyen en remuant avec une maryse.

Hors du feu, ajouter la gélatine essorée et mixer au mixeur plongeant.

Mettre dans un moule carré de 15 cm de côté.

Faire prendre au congélateur (ne pas hésiter à réaliser cette préparation la veille du montage ou plusieurs jours avant).

Si vous en avez le courage, réalisez vous-même votre beurre de cacahuètes. La recette se trouve p.15.

Mousse au beurre de cacahuètes

GÉLATINE EN FEUILLES (2g) : *0,5*

FROMAGE « CREAM CHEESE » (TYPE PHILADELPHIA) : *100 g*

BEURRE DE CACAHUÈTES : *115 g*

SUCRE CASSONADE : *40 g*

CRÈME LIQUIDE À MINIMUM 30 % DE MATIÈRE GRASSE : *205 g*

VANILLE LIQUIDE : *10 g*

Réhydrater la gélatine dans de l'eau froide pendant 10 minutes.

Dans le bol du robot muni du fouet préalablement refroidi au congélateur, monter la crème liquide en chantilly et réserver.

Fouetter au fouet à main le cream cheese avec le beurre de cacahuètes et la vanille liquide.

Faire chauffer une cuillère à soupe d'eau au micro-ondes, et ajouter hors du feu la gélatine dans l'eau chaude pour la faire fondre. Puis l'incorporer au mélange cream cheese-beurre de cacahuètes en fouettant bien.

Incorporer la chantilly en trois fois avec une maryse au mélange cream cheese-beurre de cacahuètes.

Mettre dans une poche à douille (sans douille, prévoir de couper la poche) et garder au frais

Attention, les noix de pécan se torréfient particulièrement vite. À surveiller d'encore plus près que les noisettes ou les amandes !

Biscuit aux carottes et à la noix de pécan

SUCRE EN POUDRE : *130 g*

HUILE VÉGÉTALE : *110 g*

FARINE : *100 g*

LEVURE CHIMIQUE : *3 g*

CANNELLE EN POUDRE : *3 g*

VANILLE EN POUDRE : *2 g*

ŒUFS ENTIERS : *90 g (3 ou 4)*

CAROTTES PELÉES ET RÂPÉES : *160 g (3)*

NOIX DE PÉCAN : *100 g*

Préchauffer le four à 160 °C et faire torréfier les noix de pécan pendant 7 à 8 minutes.

Lorsque les noix sont froides, les hacher pas trop finement avec un couteau.

Dans le bol du robot muni de la feuille, mélanger le sucre, l'huile, la cannelle, la vanille et les carottes râpées.

Ajouter les œufs petit à petit, puis la farine et la levure tamisées.

Ajouter les noix de pécan concassées.

Mettre la pâte sur une plaque garnie d'un papier cuisson graissé, sur une épaisseur de 1,5 cm.

Cuire au four préchauffé à 180 °C pendant 12 à 15 minutes.

À la sortie du four, détailler un carré de 16 cm de côté.

Mettre 10 minutes au congélateur.

Montage de l'entremets

SPRAY VELOURS ORANGE : 1

SPRAY VELOURS BLANC : 1

PÂTE D'AMANDES ORANGE : 100 g

PÂTE D'AMANDES VERTE : 50 g

NOIX DE PÉCAN : 4

CACAHUÈTES NON SALÉES : 4

Pocher les 2/3 de la mousse à la cacahuète au fond du moule carré de 18 cm de côté, en remontant bien sur les bords.

Déposer le crémeux à la carotte encore congelé, préalablement démoulé, au milieu de la mousse.

Recouvrir le crémeux avec le reste de mousse et déposer le carré de biscuit aux carottes en appuyant pour chasser l'air.

Mettre au congélateur pendant au moins 12 h, ou plus longtemps sans problème.

Façonner de petites carottes avec la pâte d'amandes orange et leur ajouter de petites feuilles avec la pâte d'amandes verte.

Sortir l'entremets du congélateur 6 h avant la dégustation et le poudrer avec le spray orange pour avoir la couleur désirée.

Dresser sur votre entremets les carottes en pâte d'amandes, les noix de pécan et les cacahuètes.

Réserver au frais jusqu'à la dégustation.

Poudrer un entremets

Entremets or et blanc

J'aime particulièrement cet entremets aux saveurs réconfortantes, avec ce look très épuré que je trouve particulièrement élégant et moderne.
Au goût, l'insert crémeux vanille apporte en plus une rondeur pleine de fraîcheur... Un équilibre rare !

Crémeux à la vanille

LAIT :	*140 g*
JAUNES D'ŒUFS :	*112 g (4 ou 5)*
SUCRE EN POUDRE :	*60 g*
GÉLATINE EN FEUILLES (2g) :	*1,5*
BEURRE DE CACAO :	*22 g*
BEURRE :	*150 g*
VANILLE :	*2 gousses*

Réhydrater la gélatine dans de l'eau froide pendant 10 minutes.

Porter le lait à ébullition avec les gousses de vanille fendues et grattées, puis laisser infuser pendant 10 minutes.

Fouetter les jaunes d'œufs avec le sucre pour obtenir un mélange très mousseux.

Retirer les gousses de vanille et verser le lait sur le mélange jaunes-sucre.

Remettre dans la casserole et cuire sur feu doux pendant 3 à 4 minutes, jusqu'à ce que la crème nappe la cuillère.

Hors du feu, ajouter la gélatine essorée et le beurre de cacao. Bien mélanger.

Laisser refroidir à 40 °C et incorporer le beurre coupé en morceaux à l'aide d'un mixeur plongeant.

Couler à peu près 1/3 du crémeux dans votre moule à empreinte (vague Pavoni), et le reste dans un moule de 15 cm de diamètre pour votre insert. Puis placer les deux moules au congélateur.

Cette opération peut être réalisée la veille ou plusieurs jours avant.

Ganache montée pralinée

CHOCOLAT AU LAIT :
200 g

CRÈME LIQUIDE À MINIMUM 30 % DE MATIÈRE GRASSE :
460 g

GLUCOSE :
18 g

PÂTE DE PRALIN :
170 g

Mettre la pâte de pralin dans un bol et mélanger au fouet avec 330 g de crème liquide froide. Réserver au froid.

Faire fondre le chocolat au bain-marie. Pendant ce temps, faire bouillir les 130 g restants de crème liquide.

Incorporer la crème chaude en trois fois au chocolat fondu, en émulsionnant énergiquement avec une maryse.

Ajouter en une fois la crème très froide mélangée à la pâte de pralin.

Filmer au contact, puis réserver au froid pendant au moins 5 h.

Biscuit financier à la noisette

BEURRE :
75 g

BLANCS D'ŒUFS :
4

SUCRE EN POUDRE :
90 g

NOISETTES EN POUDRE :
120 g

FARINE :
40 g

Couper le beurre en morceaux et le mettre dans une casserole sur feu vif. Le beurre va prendre une couleur noisette.

Laisser un peu refroidir et filtrer le beurre pour enlever les résidus, puis réserver.

Fouetter les blancs en neige souple en ajoutant le sucre petit à petit.

Ajouter aux blancs en neige la farine tamisée et la poudre de noisettes, puis le beurre filtré refroidi.

Étaler sur une plaque garnie de papier cuisson graissé.

Cuire au four préchauffé à 180 °C pendant 10 à 15 minutes.

À la sortie du four, détailler un cercle de 16 cm de diamètre.

Croustillant praliné

CRÊPES DENTELLE :
45 g

PÂTE DE PRALIN :
50 g

CHOCOLAT AU LAIT :
20 g

CHOCOLAT NOIR :
10 g

BEURRE DE CACAO :
10 g

Faire fondre au bain-marie les chocolats, la pâte de pralin et le beurre de cacao.

Émietter les crêpes dentelle entre vos mains et les ajouter au chocolat fondu, puis bien mélanger.

Étaler le croustillant sur le disque de biscuit et réserver au congélateur pendant au moins 15 minutes.

Si vous le souhaitez, vous pouvez remplacer les crêpes dentelle par des restes émiettés de sablés ou de pâte sucrée. Veillez néanmoins à ce que ces miettes soit très cuites afin de garantir l'effet croustillant !

Montage de l'entremets

SPRAY VELOURS BLANC : 1

SPRAY OR : 1

NOISETTES : 3 ou 4

Sortir la ganache du froid et la placer dans le bol du robot muni du fouet préalablement refroidi au congélateur.

Fouetter en surveillant que la ganache se tienne mais reste souple.

Mettre la ganache dans une poche à douille (pas besoin de la douille, couper ensuite l´extrémité de la poche).

Pocher les 2/3 de la ganache pralinée au fond du moule en remontant bien sur les bords.

Mettre l´insert crémeux à la vanille sur la ganache pralinée et recouvrir l´insert avec le reste de ganache. Placer le biscuit financier avec le croustillant praliné sur la mousse. Veiller à bien appuyer pour chasser l´air.

Mettre au congélateur au moins 12 h, ou plus longtemps sans problème.

Poudrer un entremets

Démouler un entremets

Sortir l´entremets du congélateur 6 h avant la dégustation, le démouler et le poudrer en blanc.

Sortir le moule à empreinte avec le crémeux à la vanille du congélateur, le poudrer avec le spray or et le déposer sur l´entremets.

Décorer avec des demi-noisettes.

Entremets pop-corn & crémeux caramel

Le pop-corn, un délice pour les petits… surtout s'il est caramélisé ! Je vous propose la version destinée aux plus grands. Une manière de retrouver le goût de l'enfance et du rêve. Seul bémol : une recette sans doute un peu plus contraignante que l'originale pour la déguster devant un film…

Crémeux au caramel

SUCRE EN POUDRE :
90 g

EAU :
30 g

GLUCOSE :
13 g

JAUNES D'ŒUFS :
50 g (environ 2)

CRÈME LIQUIDE À MINIMUM 30 % DE MATIÈRE GRASSE :
173 g

GÉLATINE EN FEUILLES (2g) :
1

Réhydrater la gélatine dans de l'eau froide pendant 10 minutes.

Dans une casserole, mettre l'eau, le sucre et le glucose sur feu vif pour faire un caramel.

Faire chauffer à feu moyen 30 g de crème. La verser sur le caramel dès qu'il a une belle couleur dorée, en mélangeant bien. Puis réserver hors du feu.

Mélanger les jaunes d'œufs avec 143 g de crème froide. Verser dessus le caramel, remettre dans la casserole et faire cuire à feu moyen sans cesser de remuer pendant 5 à 6 minutes. La crème doit bien napper la cuillère.

Hors du feu, incorporer la gélatine essorée puis verser dans un moule à insert de 16 cm de diamètre et mettre au congélateur.

Cette préparation peut être réalisée la veille ou l'avant-veille du montage

Ganache montée aux pop-corn

▶ Réaliser une ganache montée

GÉLATINE EN FEUILLES (2g) : *2*

CHOCOLAT BLANC : *180 g*

CRÈME LIQUIDE À MINIMUM 30 % DE MATIÈRE GRASSE : *730 g*

MAÏS À POP-CORN : *30 g*

HUILE DE TOURNESOL OU DE PÉPINS DE RAISIN : *1 cuillère à café*

Réhydrater la gélatine dans de l'eau froide pendant 10 minutes.

Dans une casserole, mettre une cuillère à café d'huile, verser le maïs, couvrir la casserole et la poser sur feu moyen. En 5 à 6 minutes, le maïs se transforme en pop-corn.

Prélever 25 g de pop-corn et réserver.

Faire chauffer à feu vif 210 g de crème liquide. Ajouter les 25 g de pop-corn et les laisser fondre dans la crème pendant 30 secondes. Puis mixer à l'aide d'un mixeur plongeant.

Passer au chinois, peser la crème et en rajouter si nécessaire pour obtenir 210 g.

Ajouter la gélatine essorée à cette crème chaude.

Faire fondre le chocolat au bain-marie. Ajouter la crème aux pop-corn chaude en trois fois en émulsionnant avec une maryse. Puis mixer à l'aide d'un mixeur plongeant pour parfaire l'émulsion.

Ajouter 520 g de crème liquide très froide, mélanger et filmer au contact.

Réserver au froid au moins 5 h.

Biscuit joconde aux éclats d'amandes

POUDRE D'AMANDES : *80 g*

SUCRE GLACE : *80 g*

ŒUFS : *95 g (2 ou 3)*

BLANCS D'ŒUFS : *90 g (environ 3)*

SUCRE EN POUDRE : *15 g*

BEURRE : *15 g*

FARINE : *20 g*

AMANDES EFFILÉES : *15 g*

▶ Torréfier

Préchauffer le four à 160 °C. Étaler les amandes effilées sur une plaque et les torréfier. Attention, c'est très rapide ! Ensuite, réserver.

Faire fondre le beurre et réserver.

Dans le bol du robot muni du fouet, verser la poudre d'amandes et le sucre glace tamisé. Ajouter les œufs entiers et fouetter à puissance maximum pendant 5 minutes.

Pendant ce temps, monter les blancs en neige ferme et incorporer petit à petit le sucre en poudre.

Ajouter au premier mélange, avec une maryse, le beurre fondu, la farine et les blancs en neige. Puis ajouter les amandes effilées torréfiées.

Placer la pâte obtenue sur une plaque garnie d'un papier cuisson graissé.

Cuire pendant environ 7 minutes au four préchauffé à 200 °C, puis détailler un cercle de 18 cm et réserver.

Afin d'obtenir un résultat plus régulier, vous pouvez aussi placer le biscuit joconde sur une plaque au moyen d'une poche à douille.

Montage de l'entremets

EAU :
125 g

SUCRE EN POUDRE :
195 g

GLUCOSE :
22 g

GÉLATINE EN FEUILLES (2g) :
3,5

CACAO EN POUDRE :
35 g

Démouler un entremets

Réaliser un glaçage

Sortir la ganache aux pop-corn du réfrigérateur et la verser dans le bol du robot muni du fouet préalablement refroidi au congélateur.

Fouetter pour obtenir une crème assez souple mais qui se tienne.

Mettre dans une poche à douille dont l'extrémité sera coupée (pas besoin de douille).

Pocher les 2/3 de la ganache montée aux pop-corn dans le fond d'un cercle de 20 cm de diamètre chemisé avec du film et posé sur une plaque. Attention à bien remonter sur les bords.

Déposer l'insert crémeux au caramel congelé sur la ganache et recouvrir l'insert avec le reste de la ganache.

Déposer par-dessus le biscuit joconde en appuyant pour chasser l'air.

Mettre au congélateur pendant au moins 12 h, voire un ou deux jours avant la finalisation.

Glaçage au chocolat (à prévoir 6 h avant la dégustation)

Réhydrater la gélatine dans l'eau froide pendant 10 minutes.

Faire chauffer à feu vif dans une casserole jusqu'à ébullition l'eau, le sucre et le glucose.
Ajouter alors au fouet le cacao en poudre tamisé.

Hors du feu, ajouter la gélatine essorée. Mixer au mixeur plongeant pour homogénéiser.

Le glaçage est utilisable lorsque la température atteint 32 °C ou 33 °C. À ce moment-là, sortir l'entremets du congélateur, le démouler et le poser sur un socle (bol ou saladier).

Couler le glaçage à 32 °C ou 33 °C sans attendre, l'opération sera plus facile.

Pour cela, le couler du centre vers les bords avec un mouvement circulaire régulier.

Enlever ensuite avec une spatule le surplus de glaçage sous l'entremets.

Décorer avec quelques pop-corn et éventuellement quelques feuilles d'or.

Réserver au frais jusqu'à dégustation.

Entremets calisson & orange

On dirait la Provence… Mais aussi l'Espagne, avec ses oranges si délicieuses. C'est pour moi une manière de vous apporter un petit rayon de soleil tout en gourmandise ! Et encore plus pour les courageux qui oseront préparer eux-mêmes leur pâte à calisson maison…

Crémeux aux calissons

AMANDES MONDÉES (SANS LA PEAU) : 95 g

MELON CONFIT : 80 g

ORANGE CONFITE : 25 g

EAU DE FLEUR D'ORANGER : 2 cuillères à soupe

MIEL : 30 g

SUCRE : 10 g

EAU : 60 g

CRÈME LIQUIDE À MINIMUM 30 % DE MATIÈRE GRASSE : 80 g

LAIT ENTIER : 80 g

JAUNES D'ŒUFS : 40 g (environ 2)

GÉLATINE EN FEUILLES (2g) : 1

Réhydrater la gélatine dans l'eau froide pendant 10 minutes.

Dans une casserole sur feu vif, faire un sirop avec l'eau, le miel et le sucre. Laisser cuire pendant 3 à 4 minutes. Sortir du feu et réserver.

Couper les fruits confits (en réserver un peu pour la décoration) et les placer dans le robot avec les amandes et l'eau de fleur d'oranger. Ajouter le sirop tiède et mixer pour obtenir une pâte fine.

Prélever 100 g de cette pâte, la placer dans un bol avec les jaunes d'œufs et bien mélanger.

Faire tiédir la crème et le lait dans une casserole, puis verser sur le mélange œufs-pâte. Mélanger et reverser dans la casserole.

Faire cuire à feu moyen jusqu'à ce que la crème nappe la cuillère.

Hors du feu, ajouter la gélatine et mixer au mixeur plongeant.

Verser dans un moule à insert et mettre au congélateur.
Cette opération peut être réalisée la veille ou plusieurs jours avant.

Réaliser une pâte à calisson

Si vous manquez de temps, il existe également de la pâte à calissons toute prête.

Ganache montée à l'orange

Réaliser une ganache montée

CHOCOLAT BLANC :
250 g

CRÈME LIQUIDE À MINIMUM 30 % DE MATIÈRE GRASSE :
490 g

GLUCOSE :
18 g

ORANGES POUR ZESTES :
2

EAU DE FLEUR D'ORANGER :
1 cuillère à soupe

Faire fondre le chocolat avec le glucose au bain-marie.

Porter à ébullition 120 g de crème liquide. La verser chaude sur le chocolat fondu en trois fois en émulsionnant vivement avec une maryse.

Ajouter ensuite les 370 g restants de crème liquide très froide avec une cuillère à soupe d'eau de fleur d'oranger et les deux zestes d'orange.

Filmer au contact et réserver au froid au moins 5 h.

Lors de la préparation du biscuit financier, vous pouvez aussi obtenir un goût plus puissant en torréfiant la poudre d'amandes.

Biscuit financier aux amandes

BEURRE :
75 g

BLANCS D'ŒUFS :
4

SUCRE :
90 g

POUDRE D'AMANDES :
120 g

FARINE :
40 g

Torréfier

Préchauffer le four à 160 °C.

Étaler la poudre d'amandes sur une plaque.
Torréfier environ 7 à 8 minutes et laisser refroidir.

Couper le beurre en morceaux et le mettre dans une casserole sur feu vif. Il doit prendre une couleur noisette. Filtrer le beurre fondu pour enlever les résidus et réserver.

Fouetter les blancs en neige en ajoutant le sucre petit à petit.

Ajouter ensuite la farine tamisée, la poudre d'amandes torréfiée et le beurre refroidi.

Mettre sur une plaque garnie de papier cuisson graissé.

Cuire au four préchauffé à 180 °C pendant 10 à 15 minutes.

À la sortie du four, détailler un cercle de 19 cm avec un emporte-pièce et réserver.

Croustillant aux amandes

BEURRE POMMADE : *50 g*

SUCRE CASSONADE : *50 g*

AMANDES MONDÉES : *120 g*

FARINE : *15 g*

Préchauffer le four à 160 °C.

Répartir les amandes sur une plaque. Torréfier pendant 7 à 8 minutes.

Hacher les amandes torréfiées au couteau.

Mettre le beurre pommade et le sucre dans le bol du robot muni de la feuille. Bien mélanger.

Ajouter la farine tamisée et les amandes hachées. Bien mélanger. Étaler le mélange sur une plaque garnie de papier cuisson graissé.

Cuire au four préchauffé à 170 °C pendant 10 minutes. À la sortie du four, détailler à l'emporte-pièce un cercle de 19 cm et réserver pendant 15 minutes au congélateur.

Montage de l'entremets

SPRAY VELOURS JAUNE : *1*

Poudrer un entremets

Sortir la ganache à l'orange du froid, la mettre dans le bol du robot muni du fouet préalablement refroidi au congélateur.

Fouetter à vitesse rapide. La ganache doit bien se tenir tout en restant souple.

Placer dans une poche à douille dont l'extrémité sera coupée (pas besoin de douille).

Pocher les 2/3 de la ganache au fond du moule de 20 cm de diamètre en remontant bien sur les bords.

Déposer l'insert aux calissons congelé sur la ganache et le recouvrir de ganache. Attention à en garder assez pour mettre une fine couche sur le croustillant.

Poser le croustillant aux amandes, terminer par le reste de ganache, lisser avec une spatule et poser le biscuit financier. Appuyer légèrement pour chasser l'air.

Mettre au congélateur au moins 12 h. Cette opération peut être réalisée un ou deux jours avant la finalisation.

Sortir l'entremets du congélateur 6 h avant la dégustation.

Poudrer avec le spray velours et décorer avec de petits morceaux d'orange et de melon confits. Puis réserver au frais.

Tartelettes ananas rôti & noix de coco

Une mer turquoise, une grande plage de sable fin, un cocktail de jus de fruits exotiques à l'ombre des palmiers. Ce dessert est une pure inspiration des Antilles. De quoi vous souhaiter une bonne rêverie en direction des Tropiques !

Pâte sucrée à la noix de coco

- FARINE : *250 g*
- BEURRE POMMADE : *120 g*
- SUCRE GLACE : *100 g*
- ŒUF : *1*
- NOIX DE COCO RÂPÉE : *25 g*
- FLEUR DE SEL : *1 pincée*

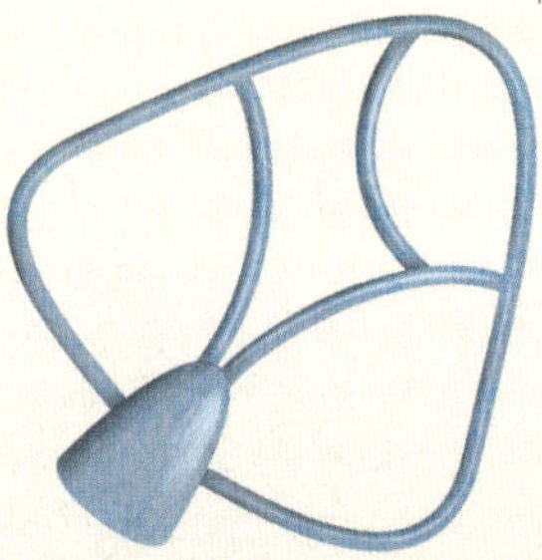

Dans le robot muni de la feuille, mettre le beurre et le sucre. Mélanger jusqu'à obtenir une consistance crémeuse.

Ajouter l'œuf, puis mélanger à la feuille. Ajouter ensuite la farine et la fleur de sel, et mélanger sans trop travailler.

Mettre la pâte entre deux feuilles de papier cuisson et donner un tour de rouleau à pâtisserie pour l'étaler légèrement. Réserver au frais 15 minutes.

Sortir la pâte du réfrigérateur et l'étaler sur 0,5 cm d'épaisseur.

Foncer les moules à tartelettes de 10 cm de diamètre, préalablement graissés, et déposer sur le fond de pâte un rond de papier cuisson et des billes de céramique.

Cuire au four préchauffé à 170 °C pendant 15 à 20 minutes. La pâte doit être bien dorée au sortir du four !

Laisser refroidir et réserver.

Dôme de mousse à la noix de coco

GÉLATINE EN FEUILLES (2g) : *5*

CRÈME DE COCO : *40 cl*

BLANC D'ŒUF : *30 g*

SUCRE : *60 g*

EAU : *30 g*

CRÈME LIQUIDE À MINIMUM 30 % DE MATIÈRE GRASSE : *20 cl*

Réhydrater la gélatine dans de l'eau froide pendant 10 minutes.

Faire bouillir 10 cl de crème de coco. Ajouter hors du feu la gélatine essorée. Mélanger au fouet.

Verser le tout dans un saladier et ajouter 30 cl de crème de coco très froide. Bien mélanger et réserver.

Réaliser une meringue italienne :

Pour cela, réaliser un sirop en faisant chauffer à feu vif l'eau et le sucre dans une casserole pour atteindre 118 °C.

Pendant ce temps, mettre dans un saladier le blanc d'œuf. Commencer à le battre en neige quand le sirop atteint 115 °C.

Verser le sirop cuit à 118 °C sur le blanc mousseux en un mince filet, tout en continuant à battre. Lorsque le sirop est incorporé, continuer à battre jusqu'à ce que le mélange devienne tiède. À ce moment-là, le résultat est un beau bec d'oiseau. Réserver.

Faire une chantilly. Verser la crème très froide dans le bol du robot muni du fouet préalablement refroidi au congélateur. Fouetter à vitesse moyenne d'abord, puis rapide pour obtenir une chantilly ferme mais onctueuse.

Dans votre saladier contenant la crème de coco, ajouter 1/3 de meringue italienne avec une maryse, puis 1/3 de crème chantilly. Renouveler trois fois cette opération.

Répartir cette mousse dans un moule avec des empreintes dômes de 7 cm de diamètre.

Mettre au congélateur pour au moins 4 h. Cette préparation peut aussi être réalisée plusieurs jours à l'avance.

Compotée d'ananas crue-cuite

ANANAS FRAIS : *1,8 kg environ*

SUCRE MUSCOVADO : *2 cuillères à soupe*

RHUM AMBRÉ : *1 cuillère à soupe*

EAU : *10 g*

Peler et couper l'ananas en morceaux de 1 cm environ.

Mettre 3/4 des morceaux d'ananas dans une casserole avec 2 cuillères à soupe de sucre muscovado et les 10 g d'eau.

Faire cuire à feu moyen pendant 15 à 20 minutes environ pour obtenir une compote.

À la fin de la cuisson, ajouter le rhum et le reste d'ananas cru.

Faire refroidir et garnir les fonds de tartelettes à ras bord sans déborder, lisser avec une spatule puis réserver au frais.

Chantilly au mascarpone et au rhum

MASCARPONE : *175 g*

CRÈME LIQUIDE À MINIMUM 30 % DE MATIÈRE GRASSE : *225 g*

SUCRE GLACE : *45 g*

RHUM AMBRÉ : *30 ml*

Placer la bouteille de rhum ainsi que le fouet au congélateur pendant 1 h.

Mettre le mascarpone et la crème dans le bol du robot, fouetter en augmentant la vitesse progressivement. Arrivé à la vitesse maximale, incorporer le sucre glace et le rhum bien froid.

Mettre dans une poche à douille munie d'une douille à saint-honoré, puis réserver.

Montage des tartelettes

SPRAY VELOURS BLANC : *1*

NOIX DE COCO RÂPÉE : *20 g*

FEUILLE D'ARGENT

Sortir les dômes du congélateur et les poudrer avec le spray blanc et ajouter une feuille d'argent.

Déposer le dôme au centre de la tartelette garnie de compotée d'ananas.

Pocher la chantilly au mascarpone et au rhum autour du dôme et la parsemer de noix de coco râpée.

Attendre une heure avant la dégustation pour que le dôme soit décongelé.

Les gâteaux
de fête

Entremets fruits de la passion & chocolat au lait

Comment ne pas se laisser inspirer par l'incroyable association imaginée par Pierre Hermé dans son *Mogador* ? Chocolat au lait et fruits de la passion mélangent ainsi douceur et acidité pour titiller nos papilles avec subtilité. Merci, monsieur Hermé !

Lors de la préparation de la gelée aux fruits de la passion, veillez à goûter régulièrement le mélange afin de contrôler l'acidité. Au besoin, n'hésitez pas à ajouter un peu de sucre !

1 Gelée de fruits de la passion

PURÉE OU JUS DE FRUITS DE LA PASSION : *300 g*

SUCRE EN POUDRE : *40 g*

GÉLATINE EN FEUILLES (2 g) : *2*

Réhydrater la gélatine dans l'eau froide pendant 10 minutes.

Faire chauffer à feu moyen la purée de fruits de la passion avec le sucre. Hors du feu, incorporer la gélatine essorée. Bien mélanger.

Couler dans un moule de 16 cm de diamètre et mettre au congélateur. Cette préparation peut être réalisée plusieurs jours avant.

Attention à ne pas trop monter la ganache au chocolat au lait : elle risque alors de bloquer, durcir au congélateur et perdre son aspect aérien.

2 Ganache montée au chocolat au lait

CHOCOLAT AU LAIT : *250 g*

CRÈME LIQUIDE À MINIMUM 30 % DE MATIÈRE GRASSE : *570 g*

GLUCOSE : *20 g*

Faire fondre le chocolat au lait au bain-marie avec le glucose.

Faire bouillir 160 g de crème. La verser en trois fois sur le chocolat fondu en émulsionnant vivement à chaque fois avec une maryse.

Ajouter ensuite, en une fois, 410 g de crème très froide et bien mélanger.

Filmer au contact et réserver au froid pendant au moins 5 h.

Réaliser une ganache montée

3 Biscuit joconde à la noisette

SUCRE GLACE : *80 g*

POUDRE DE NOISETTES : *80 g*

ŒUFS ENTIERS : *95 g (2 ou 3)*

FARINE : *25 g*

BEURRE FONDU : *15 g*

BLANCS D'ŒUFS : *90 g (environ 3)*

SUCRE EN POUDRE : *15 g*

Faire fondre le beurre et réserver.

Dans le bol du robot muni du fouet, mettre la poudre de noisettes, le sucre glace et les œufs entiers.

Fouetter pendant 5 minutes à puissance maximale.

Pendant ce temps, monter les blancs en neige ferme en incorporant 15 g de sucre petit à petit.

Ajouter dans le premier mélange le beurre fondu, la farine et les blancs en neige en mélangeant avec une maryse.

Mettre la préparation dans une poche à douille et pocher sur une plaque munie d'un papier cuisson graissé sur 1,5 cm d'épaisseur.

Cuire pendant 7 à 8 minutes au four préchauffé à 190 °C.

Détailler un cercle de 18 cm de diamètre et réserver au frais.

4 Croustillant praliné

CRÊPES DENTELLE : *45 g*

PÂTE DE PRALIN : *50 g*

CHOCOLAT AU LAIT : *20 g*

CHOCOLAT NOIR : *10 g*

Faire fondre au bain-marie les chocolats avec la pâte de pralin.

Écraser les crêpes dentelle entre vos mains et les ajouter au mélange chocolat-pralin fondu. Bien mélanger.

Répartir une couche de croustillant de 0,5 cm environ sur le disque de biscuit joconde.

Mettre au congélateur au moins 15 minutes.

Montage de l'entremets

SPRAY VELOURS CHOCOLAT : 1

FEUILLE D'OR ROSE : 1/2

Sortir la ganache du froid et la mettre dans le bol du robot muni du fouet préalablement refroidi au congélateur.

Fouetter pour obtenir une crème assez souple. Attention, cela va très vite !

Mettre la ganache dans une poche à douille dont l'extrémité sera coupée (sans douille donc).

Pocher au fond du moule bubble 2/3 de ganache en remontant bien sur les bords.

Mettre l'insert (la gelée de fruits de la passion) au milieu et recouvrir avec le reste de ganache.

Terminer en déposant le biscuit croustillant sur la ganache.

Laisser au congélateur au moins 12 h.

◆ ◆ ◆

Sortir l'entremets du congélateur. Le poudrer avec le spray chocolat et décorer avec quelques morceaux de feuille d'or rose.

Avant de déguster, attendre environ 6 h pour laisser le gâteau décongeler.

▶ Poudrer un entremets

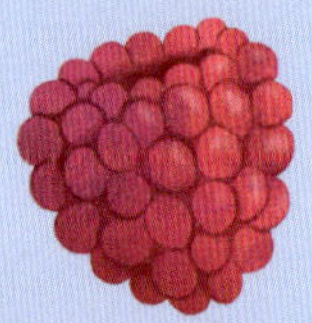

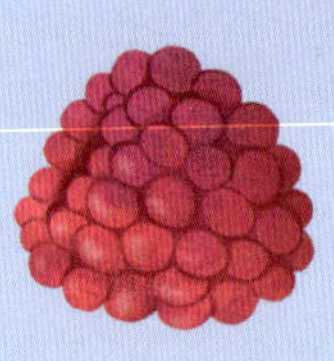

Entremets chocolat au lait, crémeux à la menthe & aux framboises

Un look que nous connaissons bien, du moins ceux d'entre nous qui sont des familiers du *Meilleur Pâtissier* amateur ! Je vous livre ici mon interprétation personnelle de ce gâteau iconique, modernisé par l'ajout de menthe fraîche… et réhaussé par la magie de l'alcool de menthe.

1 Biscuit madeleine

FARINE : *120 g*

SUCRE EN POUDRE : *90 g*

BEURRE : *70 g*

LAIT ENTIER : *30 g*

ŒUFS : *110 g (environ 3)*

LEVURE CHIMIQUE : *5 g*

VANILLE EN POUDRE : *1/2 cuillère à café*

CITRON JAUNE : *1 zeste (garder le jus pour la gelée)*

Faire fondre le beurre dans une casserole. Réserver.

Dans le robot muni du fouet, mettre les œufs, le sucre et la vanille.
Fouetter jusqu'à ce que le mélange blanchisse.
Ajouter le lait et le zeste de citron en fouettant.

Tamiser la farine et la levure.
Les ajouter à la préparation avec une maryse. Incorporer le beurre fondu.

Verser sur une plaque garnie d'un papier cuisson graissé et faire cuire 7 à 8 minutes dans le four préchauffé à 200 °C.

Démouler à la sortie du four, puis détailler à l'emporte-pièce un premier cercle de 16 cm de diamètre et un deuxième de 18 cm.

Réserver au frais.

2 Insert crémeux à la menthe

FRAMBOISES FRAÎCHES :
100 g

LAIT ENTIER :
110 g

JAUNES D'ŒUFS :
95 g (5 ou 6)

SUCRE EN POUDRE :
50 g

GÉLATINE EN FEUILLES (2g) :
1,25

BEURRE DE CACAO :
20 g

BEURRE DOUX :
125 g

MENTHE FRAÎCHE :
1 botte

ALCOOL DE MENTHE :
1 cuillère à soupe

Réhydrater la gélatine en la plaçant dans l'eau froide pendant 10 minutes.

Laver et sécher la botte de menthe.

Porter à ébullition le lait dans une casserole avec la botte de menthe entière (en séparant les feuilles des tiges et en cassant celles-ci pour qu'elles infusent mieux), puis éteindre le feu et laisser infuser pendant au moins 15 minutes.

Mélanger au fouet les jaunes d'œufs et le sucre.

Retirer la menthe du lait et réchauffer. Goûter et ajuster le goût si nécessaire en ajoutant de l'alcool de menthe.

Verser le lait sur les jaunes d'œufs et le sucre. Remettre dans la casserole et cuire à feu moyen sans cesser de remuer pendant environ 3 minutes. La crème doit napper la cuillère.

Hors du feu, ajouter la gélatine essorée et le beurre de cacao, puis mélanger le tout.

Laisser refroidir à 40 °C. Ajouter le beurre froid en mixant avec le mixeur plongeant.

Verser dans un moule à insert de 16 cm de diamètre.

Ajouter dans le crémeux environ 80 g de framboises coupées en deux.

Poser le biscuit madeleine de 16 cm de diamètre sur le crémeux et mettre au congélateur. Cette opération peut être réalisée plusieurs jours avant le montage.

3 Mousse au chocolat au lait

LAIT ENTIER :
100 g

CHOCOLAT AU LAIT :
230 g

CRÈME LIQUIDE À MINIMUM 30 % DE MATIÈRE GRASSE :
380 g

JAUNES D'ŒUFS :
95 g (5 ou 6)

GÉLATINE EN FEUILLES (2g) :
2

Réhydrater la gélatine en la trempant dans l'eau froide pendant 10 minutes.

Faire fondre légèrement le chocolat au bain-marie. Réserver.

Dans une casserole, porter à ébullition le lait et 100 g de crème.

Mettre les jaunes d'œufs dans un saladier. Verser le lait et la crème chaude en fouettant, puis tout remettre dans la casserole et faire cuire à feu moyen sans cesser de remuer pendant environ 3 minutes. La crème doit napper la cuillère.

Verser la crème sur le chocolat légèrement fondu et émulsionner avec une maryse. Hors du feu, incorporer la gélatine essorée et mixer au mixeur plongeant.

Laisser refroidir à 32 °C ou 33 °C.

Pendant ce temps, monter 280 g de crème en chantilly avec le fouet refroidi au congélateur. La chantilly doit rester mousseuse, donc pas trop ferme.

Lorsque la préparation au chocolat est à la bonne température, y incorporer délicatement la chantilly avec une maryse en trois fois. Puis mettre dans une poche à douille dont l'extrémité aura été coupée (pas besoin de douille).

Réserver au froid.

4 Gelée de framboises à la menthe

FRAMBOISES CONGELÉES :
350 g

SUCRE EN POUDRE :
50 g

JUS DE CITRON :
½ citron

GÉLATINE EN FEUILLES (2g) :
1

ALCOOL DE MENTHE :
1 cuillère à café

Réhydrater la gélatine en la trempant dans l'eau froide pendant 10 minutes.

Faire chauffer dans une casserole à feu vif les framboises congelées avec le sucre. Lorsque les framboises sont réduites en purée, les passer au chinois pour enlever les graines.

Ajouter le jus de citron et l'alcool de menthe, prélever 150 g de purée de framboises et remettre à chauffer. Hors du feu, incorporer la gélatine, bien mélanger puis placer dans une poche à douille dont l'extrémité aura été coupée (pas besoin de douille).

Réserver au frais. Cette opération peut être réalisée la veille de la dégustation.

Montage de l'entremets

Prendre un cercle de 20 cm de diamètre. Filmer le cercle pour faire un fond, mettre une bande de rhodoïd à l'intérieur du moule (ce n'est pas obligatoire, mais le glaçage sera plus net).

Pocher 2/3 de la mousse au fond du moule en remontant bien sur les bords.

Déposer l'insert à la menthe encore congelé au milieu, crémeux côté mousse, et recouvrir avec le reste de mousse.

Déposer le biscuit de 18 cm de diamètre sur la mousse en appuyant légèrement pour chasser l'air.

Mettre au congélateur pour au moins 12 h. Cette opération peut être réalisée 1 ou 2 jours avant la finalisation.

EAU : *125 g*

SUCRE EN POUDRE : *195 g*

GLUCOSE : *22 g*

CACAO EN POUDRE : *35 g*

GÉLATINE EN FEUILLES (2g) : *3,5*

FRAMBOISES FRAÎCHES : *200 g*

Glaçage au chocolat (à préparer 6 h 30 avant la dégustation)

Réhydrater la gélatine en la trempant dans l'eau froide pendant 10 minutes.

Dans une casserole, mettre l'eau, le sucre et le glucose. Porter à ébullition. Ajouter en fouettant le cacao tamisé.

Hors du feu, ajouter la gélatine essorée et mixer au mixeur plongeant pour homogénéiser.

Le glaçage est utilisable quand la température du mélange atteint 32 °C ou 33 °C. À ce moment-là, sortir l'entremets du congélateur.

Pendant que le glaçage refroidit, préparer les framboises qui garniront le dessus de l'entremets.

Garnir les framboises avec la gelée de framboises à la menthe qui se trouve dans la poche à douille au froid (prévoir environ 40 framboises), puis réserver au frais.

Lorsque le glaçage atteint 32 °C ou 33 °C, poser l'entremets congelé sur un socle (saladier ou bol) avec un plat en dessous.

Couler le glaçage en partant du centre vers les bords en un mouvement circulaire régulier.

Enlever le surplus sous l'entremets avec une spatule.

Mettre sur le plat de service et disposer les framboises sur l'entremets.

Réserver au frais jusqu'à la dégustation.

Les framboises gagnent à être farcies la veille. Le résultat sera en effet plus net car la gelée durcira alors à l'intérieur des fruits, sans risque de couler sur le glaçage.

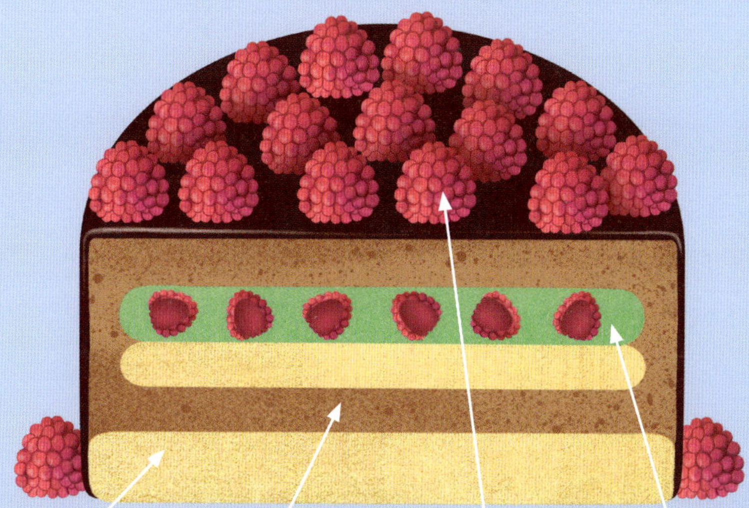

Réaliser un glaçage

Entremets
diamant à l'hibiscus

L'hibiscus, une fleur emblématique des pays chaud…
Elle est non seulement très décorative,
mais offre aussi, une fois séchée, un goût
très intéressant et délicat relevé d'une pointe d'acidité.
J'utilise pour ma part les fleurs de mon jardin
en Espagne, et ne me lasse pas de les magnifier
dans ce dessert de choix !

1 Compotée de fruits des bois

FRUITS DES BOIS (CONGELÉS OU FRAIS) : *400 g*

PECTINE : *5,5 g*

SUCRE EN POUDRE : *75 g*

Mettre les fruits avec 50 g de sucre dans une casserole sur feu moyen.

Faire cuire pendant 7 à 8 minutes jusqu'à obtenir une compotée avec des morceaux.

Ajouter la pectine préalablement mélangée à 25 g de sucre et poursuivre la cuisson pendant 2 minutes.

Mettre la compotée dans un moule à insert de 16 cm et mettre au congélateur.
Cette opération peut être réalisée plusieurs jours à l'avance.

2 Mousse à l'hibiscus

CRÈME LIQUIDE À MINIMUM 30 % DE MATIÈRE GRASSE : *450 g*

LAIT ENTIER : *200 g*

JAUNES D'ŒUFS : *80 g (3 ou 4)*

SUCRE EN POUDRE : *40 g*

FLEURS D'HIBISCUS SÉCHÉES : *30 g*

GÉLATINE EN FEUILLES (2g) : *3*

Si le lait et la crème produisent des grumeaux lors de l'infusion avec l'hibiscus, pas d'inquiétude ! L'ensemble se lissera au moment où vous réaliserez la crème.

Réhydrater la gélatine en la trempant dans l'eau froide pendant 10 minutes.

Faire chauffer à feu moyen sans bouillir pendant 4 minutes le lait, 200 g de crème et les fleurs d'hibiscus séchées. Puis laisser infuser pendant 15 minutes.

Pendant ce temps, mélanger les jaunes d'œufs et le sucre.

Passer le lait et la crème au chinois et verser sur le mélange œufs-sucre.

Remettre dans la casserole et cuire à feu moyen pendant environ 3 à 4 minutes. La crème doit napper la cuillère.

Hors du feu, ajouter la gélatine essorée et bien mélanger. Puis laisser refroidir à 30 °C ou 35 °C.

Monter 250 g de crème en chantilly dans le robot muni du fouet, préalablement refroidi au congélateur.

Incorporer en trois fois la crème chantilly à la crème à l'hibiscus avec une maryse.

Mettre dans une poche à douille dans l'extrémité aura été coupée (pas besoin de douille). Réserver.

3 Biscuit succès à l'hibiscus

BLANCS D'ŒUFS : *90 g (environ 3)*

SUCRE EN POUDRE : *85 g*

SUCRE GLACE : *45 g*

POUDRE DE NOISETTES : *30 g*

POUDRE D'AMANDES : *25 g*

LAIT ENTIER : *2 cuillères à soupe*

VANILLE EN POUDRE : *1 cuillère à café*

SEL : *1 pincée*

FLEURS D'HIBISCUS SÉCHÉES : *10 g*

Dans le bol du robot muni du fouet, monter les blancs en neige. Réserver.

Mettre dans un saladier les sucres, les poudres, la vanille, les fleurs d'hibiscus et le lait pour obtenir une pâte assez grossière.

Incorporer en trois fois à la préparation les blancs en neige avec une maryse. Puis mettre dans une poche à douille ronde de 8 mm.

Dessiner sur un papier cuisson un disque de 18 cm, puis mettre le papier à l'envers et le graisser.

Avec la poche à douille, faire une spirale pour remplir le disque en partant du centre. Cuire pendant 30 à 35 minutes dans le four préchauffé à 160 °C.

Si la pâte s'est un peu étalée, découper à l'emporte-pièce un disque de 18 cm.

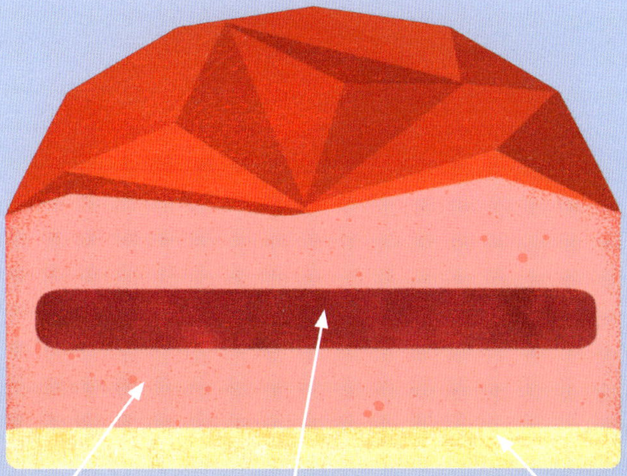

Montage de l'entremets

SPRAY VELOURS ROUGE : 1

FEUILLE D'ARGENT : 1/2

▶ Poudrer un entremets

▶ Démouler un entremets

Dans le moule diamant, pocher 2/3 de mousse à l'hibiscus.

Déposer au milieu l'insert de compotée de fruits des bois congelée et recouvrir avec le reste de mousse.

Poser par-dessus le disque de biscuit succès en appuyant légèrement pour chasser l'air.

Mettre au congélateur pour au moins 12 h. Cette opération peut être réalisée plusieurs jours avant la finalisation.

◆ ◆ ◆

Finalisation (6 h avant la dégustation)

Sortir l'entremets du congélateur et le démouler.

Le poudrer en rouge et déposer harmonieusement des morceaux de feuille d'argent.

Réserver au frais jusqu'à la dégustation.

Entremets café & bananes au rhum

Le café ! En tant que grande consommatrice de boissons chaudes, le café fait partie de mes boissons préférées. De quoi me pousser à inventer un dessert à sa mesure... J'ai souhaité l'associer au rhum en clin d'œil aux repas d'autrefois, au terme desquels on servait toujours un alcool fort avec le café. Clin d'œil à Mercotte, qui aime aussi le rhum... Le mariage avec la banane est né quant à lui dans ma tête, un mariage d'amour !

1 Biscuit dacquoise

FARINE : *35 g*

POUDRE D'AMANDES : *130 g*

SUCRE EN POUDRE : *190 g*

BLANCS D'ŒUFS : *175 g (environ 5)*

AMANDES EFFILÉES : *50 g*

Torréfier

Mettre les amandes effilées sur une plaque et les torréfier pendant 7 à 8 minutes au four préchauffé à 160 °C. Bien surveiller car l'opération est très rapide, puis réserver.

Dans un saladier, mettre la farine, la poudre d'amandes et 130 g de sucre. Réserver.

Monter les blancs en neige dans le robot muni du fouet en ajoutant 60 g de sucre petit à petit.

Incorporer délicatement les poudres et les amandes torréfiées aux blancs en neige avec une maryse.

Étaler sur une plaque garnie d'un papier cuisson graissé, sur une épaisseur d'environ 1,5 cm.

Cuire pendant 15 à 20 minutes au four préchauffé à 180 °C.

Démouler aussitôt et découper à l'emporte-pièce six disques de 5 cm de diamètre et six disques de 7 cm de diamètre.

2 Bananes rôties au caramel au rhum

BANANES FERMES :
4

BEURRE :
50 g

SUCRE EN POUDRE :
70 g

FLEUR DE SEL :
2 pincées

RHUM AMBRÉ :
60 ml

Couper les bananes en rondelles de 1,5 cm et réserver.

Mettre le sucre dans une casserole sur feu vif pour faire un caramel blond, puis ajouter le beurre, la fleur de sel et le rhum.

Baisser le feu et ajouter les rondelles de bananes. Ne pas trop cuire, juste enrober les bananes de caramel au rhum pendant environ 2 minutes.

Disposer les bananes caramélisées dans six moules de 5 cm de diamètre et 2,5 cm de hauteur. Poser dessus un disque de biscuit de 5 cm.
Puis mettre au congélateur pendant au moins 4 h.
Cette opération peut être réalisée plusieurs jours avant le montage.

Attention à ne pas trop cuire les bananes, surtout si elles sont bien mûres. On ne cherche surtout pas à obtenir une purée, mais un mélange qui préserve un peu de mâche !

3 Mousse bavaroise au café

LAIT :
150 g

CRÈME LIQUIDE À MINIMUM 30 % DE MATIÈRE GRASSE :
450 g

JAUNES D'ŒUFS :
100 g (environ 5)

SUCRE :
50 g

GÉLATINE EN FEUILLES (2g) :
2,5

CAFÉ EN GRAINS :
3 cuillères à soupe

EXTRAIT DE CAFÉ :
4 cuillères à soupe

Si vous n'avez pas de café en grains, vous pouvez aussi utiliser une cuillère à soupe de café soluble. Dans ce cas, pas besoin d'infuser.

Réhydrater la gélatine en la trempant dans l'eau froide pendant 10 minutes.

Dans une casserole, faire bouillir le lait, 150 g de crème et les grains de café. Éteindre et laisser infuser pendant 10 minutes.

Dans un saladier, mélanger les jaunes d'œufs et le sucre, puis réserver.

Enlever les grains de café et ajouter l'extrait de café dans le lait préalablement réchauffé. Verser le tout sur la préparation œufs-sucre.

Remettre dans la casserole sur feu moyen sans cesser de remuer pendant environ 3 minutes. La crème doit napper la cuillère.

Hors du feu, ajouter la gélatine essorée et bien mélanger.

Mettre dans un plat, filmer au contact, laisser refroidir à 25 °C ou 30 °C.

Monter 300 g de crème en chantilly avec le fouet préalablement refroidi au congélateur.

Incorporer en trois fois la chantilly à la crème au café refroidie.

Mettre le tout dans une poche à douille dont l'extrémité aura été coupée (pas besoin de douille).

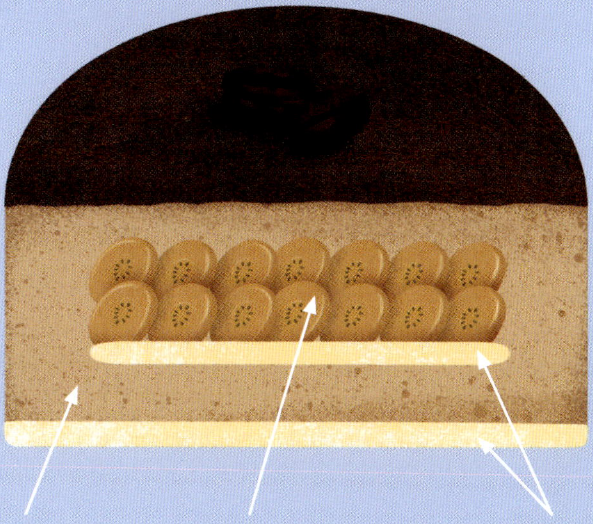

Montage de l'entremets

Poudrer un entremets

Démouler un entremets

Prendre six cercles de 8 cm de diamètre et 4,5 cm de hauteur. Filmer pour faire un fond et mettre une bande de rhodoïd à l'intérieur de chaque cercle. Le démoulage sera plus simple et plus joli.

Pocher au fond des cercles 2/3 de bavaroise au café. Placer l'insert côté bananes sur la bavaroise et recouvrir avec la bavaroise restante.

Terminer en posant le disque de dacquoise de 7 cm en appuyant légèrement pour chasser l'air.

Mettre au congélateur pour au moins 12 h. Cette opération peut être réalisée plusieurs jours avant la finalisation.

◆ ◆ ◆

SPRAY VELOURS MARRON : *1*

FEUILLE D'OR : *1*

GRAINS DE CAFÉ EN SUCRE : *12*

Finalisation (à faire au moins 3 h avant la dégustation)

Sortir les entremets du congélateur.

Les démouler, les poudrer avec le spray et les décorer avec les grains de café et la feuille d'or.

Réserver au frais jusqu'à la dégustation.

Bûche de Noël
pistache framboise

Noël, moment de partage particulièrement dédié aux enfants, petits et grands… J'aime beaucoup cette bûche élégante et festive. Avec ses framboises, elle représente certes une entorse à la saisonnalité. Mais c'est pour régaler tous mes amours, alors… Et puis les pistaches enrobantes y réchauffent idéalement l'acidité des fruits. Parce qu'elle est si attachée à cette période de réunion familiale, je dédie spécialement ce dessert à ma fille Muriel !

1 Ganache montée à la pistache

CHOCOLAT BLANC :
250 g

CRÈME LIQUIDE À MINIMUM 30 % DE MATIÈRE GRASSE :
490 g

PÂTE DE PISTACHES :
100 g

GÉLATINE EN FEUILLES (2g) :
1,5

GLUCOSE :
18 g

Réhydrater la gélatine en la trempant dans l'eau froide pendant 10 minutes.

Faire fondre le chocolat au bain-marie avec le glucose.
Ajouter la pâte de pistaches et mélanger délicatement.

Faire bouillir 120 g de crème et la verser en trois fois sur le chocolat fondu en émulsionnant avec une maryse. Puis verser 370 g de crème liquide très froide en une fois.

Bien mélanger, pus filmer au contact et réserver au réfrigérateur pendant au moins 6 h.

Réaliser une ganache montée

2 Compotée de framboises crues-cuites

FRAMBOISES FRAÎCHES : *400 g*

SUCRE EN POUDRE : *75 g*

PECTINE : *5,5 g*

Dans une casserole, placer 300 g de framboises avec 65 g de sucre.
Faire cuire à feu moyen pour obtenir une compotée avec des morceaux.

Mélanger la pectine avec les 10 g de sucre restants, puis ajouter ce mélange à la compotée et poursuivre la cuisson pendant 2 minutes.

Hors du feu, ajouter le reste de framboises et couler dans un moule à insert de 25 cm de long et 4 cm de large.

Mettre au congélateur pendant 5 h.

3 Biscuit moelleux à la pistache

JAUNES D'ŒUFS : *60 g (2 ou 3)*

CRÈME LIQUIDE À MINIMUM 30 % DE MATIÈRE GRASSE : *30 g*

SUCRE EN POUDRE : *50 g*

FARINE : *60 g*

BEURRE : *20 g*

LEVURE CHIMIQUE : *2 g*

PÂTE DE PISTACHES : *10 g*

PISTACHES ENTIÈRES NON SALÉES : *50 g*

Torréfier

Torréfier les pistaches dans le four préchauffé à 160 °C pendant 10 à 15 minutes.

Lorsqu'elles sont froides, les hacher. Puis réserver.

Faire fondre le beurre et réserver.

Dans le bol du robot muni du fouet, mettre les jaunes d'œufs avec la crème et le sucre. Fouetter à vitesse moyenne pendant 4 à 5 minutes.

Toujours à vitesse moyenne, ajouter la farine et la levure et les incorporer.
Puis ajouter la pâte de pistaches et le beurre.

Si vous en avez le temps, réalisez vous-même une pâte de pistaches maison comme expliqué p. 14. Cela vous fera profiter de son goût incomparable !

Avec une maryse, incorporer les pistaches hachées et bien mélanger.

Sur une plaque munie de papier cuisson graissé, étaler un grand rectangle de pâte d'environ 28 cm sur 10.

Placer dans le four préchauffé à 170 °C pendant 15 à 20 minutes.

Démouler à la sortie du four et détailler un rectangle de 24 cm sur 7.

Laisser refroidir.

Montage de la bûche

MOULE À BÛCHE DE 25 CM SUR 8 ET 6 CM DE HAUT

Démouler un entremets

Mettre la ganache à la pistache dans le bol du robot muni du fouet préalablement refroidi au congélateur. Fouetter pour obtenir une crème onctueuse, puis placer la crème dans une poche dont l'extrémité aura été coupée.

Pocher 2/3 de la ganache montée au fond du moule à bûche en remontant sur les bords.

Déposer l'insert framboises congelé au milieu, recouvrir de ganache et terminer en déposant le biscuit pistache en appuyant légèrement.

Placer au congélateur pendant au moins 12 h.

◆ ◆ ◆

FRAMBOISES FRAÎCHES : *150 g*

PRALINÉ À LA PISTACHE : *100 g*

SPRAY VELOURS ROUGE : *1*

POUDRE ARGENT : *environ 1 cuillère à café*

Finition

Mettre le praliné dans une poche et couper l'extrémité.
Garnir l'intérieur des framboises avec le praliné, puis réserver.

Sortir la bûche du congélateur, la démouler et la poudrer avec le spray rouge.

Avec un petit pinceau, passer de la poudre d'argent sur les flocons qui sont en relief.

Disposer la bûche sur un plat et répartir les framboises farcies tout autour.

Saint-honoré
au cœur praliné

Le dessert préféré de ma fille Véronique, une recette que je lui dédie ! J'ai cherché pour ma part à twister ce grand classique avec un cœur praliné, tout en préservant tout de même les fondamentaux qui en font un si merveilleux gâteau. Twister d'accord, mais sans trahir !

1 Pâte à choux

EAU :
90 g

LAIT :
90 g

SUCRE EN POUDRE :
3 g

SEL :
2 g

BEURRE :
80 g

FARINE :
110 g

ŒUFS :
155 g (environ 2 ou 3)

Mettre dans une casserole le beurre coupé en morceaux, l'eau, le lait, le sel et le sucre. Faire bouillir. Hors du feu, ajouter la farine en une fois en remuant vivement. Puis remettre sur feu moyen pour dessécher la pâte sans cesser de remuer pendant environ 4 à 5 minutes.

Transvaser la pâte dans le bol du robot muni du fouet.
Fouetter la pâte jusqu'à ce qu'il n'y ait plus de vapeur qui s'échappe.

Ensuite, ajouter les œufs en trois fois à vitesse moyenne.

Remplir une poche munie d'une douille ronde n° 7 et former un cercle de pâte sur le disque de pâte feuilletée à 1 cm du bord.

Avec le reste de pâte, sur une autre plaque garnie de papier cuisson graissé, dresser des petits choux de 2 cm de diamètre

Pour la cuisson, enfourner d'abord, dans le four préchauffé à 185 °C, le disque de pâte feuilletée avec son cercle de pâte à choux pendant 15 minutes.

Puis baisser le four à 165 °C et laisser la porte entrouverte. Poursuivre ensuite la cuisson pendant 10 minutes.

Pour la cuisson des petits choux, remonter le four à 185 °C et enfourner pour 20 à 25 minutes. Puis réserver.

Pocher des choux

Pour préparer les choux, réalisez un gabarit avec un emporte-pièce que vous aurez trempé dans du sucre-glace et déposé ensuite sur votre tapis en silicone. Vous obtiendrez ainsi un joli cercle pour pocher vos choux.

Vous pouvez la réaliser vous-même (voir p.12) ou l'acheter dans le commerce.

2 Pâte feuilletée

PÂTE FEUILLETÉE PUR BEURRE :
1 disque de 18 cm

Piquer avec une fourchette le fond du disque de pâte feuilletée et réserver au réfrigérateur sur une plaque de cuisson.

3 Crème pâtissière

JAUNES D'ŒUFS :
6

VANILLE EN GOUSSE :
1

SUCRE EN POUDRE :
60 g

LAIT ENTIER :
375 g

FARINE :
28 g

MAÏZENA :
28 g

Faire bouillir le lait avec la gousse de vanille fendue et grattée.

Dans un saladier, mettre les jaunes d'œufs et le sucre. Fouetter pour faire blanchir le mélange. Ajouter la farine et la Maïzena, bien mélanger.

Enlever la gousse de vanille et verser le lait sur la préparation précédente. Remettre dans la casserole et faire cuire à feu moyen jusqu'à épaississement.

Mettre dans un plat, filmer au contact et réserver au frais.

La crème peut être préparée la veille.

4 Garnissage des choux

PÂTE DE PRALIN :
125 g

CRÈME PÂTISSIÈRE :
environ 450 g

Percer le dessous des choux (pour le gâteau, il en faut 9).
Garnir aussi les autres qui pourront être dégustés en supplément.

Fouetter la crème pâtissière pour la détendre. La mettre dans une poche avec une douille n° 5. Remplir les choux en appuyant doucement sur la poche.

Mettre le pralin dans une poche munie d'une douille n° 5 et insérer le pralin dans le chou garni de crème en pressant doucement la poche.
Appuyer jusqu'à ce que la crème ressorte un peu.

Ensuite, garnir le centre du disque de crème pâtissière et dresser un colimaçon de pralin.

5 Caramélisation des choux

SUCRE EN POUDRE :
120 g

EAU :
3 cuillères à soupe

Mettre le sucre et l'eau dans une casserole et faire cuire à feu moyen jusqu'à obtenir une couleur doré clair.

Hors du feu, tremper les petits choux dans le caramel et les poser sur une feuille de silicone ou de papier guitare. Les laisser refroidir.

Coller ensuite huit choux sur le cercle de pâte à choux avec un peu de caramel et en garder un pour le placer au centre.

6 Crème chantilly

CRÈME LIQUIDE À MINIMUM 30 % DE MATIÈRE GRASSE :
200 g

SUCRE GLACE :
10 g

SUCRE EN POUDRE :
10 g

VANILLE EN POUDRE :
1/2 cuillère à café

Mettre la crème dans le bol du robot muni du fouet, préalablement refroidi au congélateur.

Au dernier tour de fouet, ajouter les sucres et la vanille. Le résultat doit être un bec d'oiseau bien ferme.

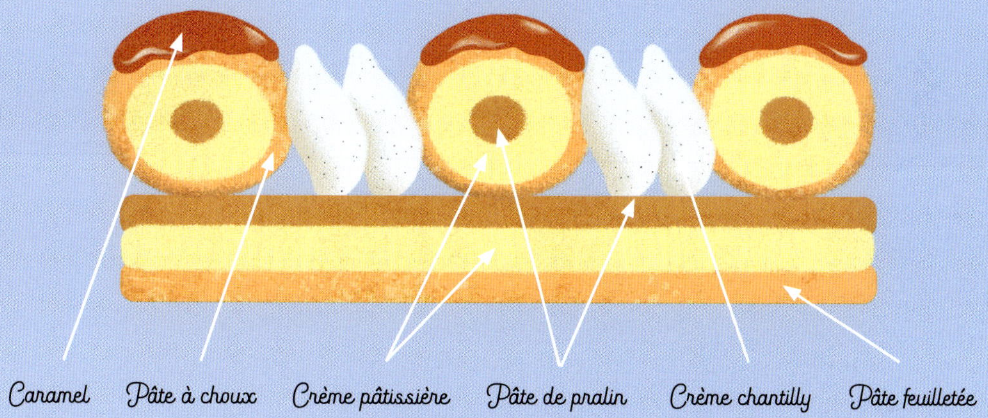

Montage du saint-honoré

Mettre la crème chantilly dans une poche munie d'une douille à saint-honoré et commencer à pocher entre les choux de façon à couvrir tout le gâteau.

Finir en déposant un chou au milieu.

Galette des rois au praliné d'amandes

La galette, le gâteau convivial par excellence ! Quel plaisir de laisser le plus jeune de l'assemblée, caché sous la table, décider de la distribution des parts… Joie de découvrir la fève ou déception de ne pas la sentir sous ses dents, heureusement vite oubliée par cette incroyable dégustation craquante-fondante…

1 Pâte feuilletée

Vous pouvez la réaliser vous-même (voir p. 12) ou l'acheter dans le commerce.

DISQUES DE 20 CM : 2

Piquer le fond des pâtes feuilletées et réserver au réfrigérateur.

2 Crème pâtissière

FARINE :
15 g

SUCRE EN POUDRE :
50 g

LAIT :
250 g

JAUNES D'ŒUFS :
4

VANILLE EN GOUSSE :
1

MAÏZENA :
15 g

Faire bouillir le lait avec la gousse de vanille fendue en deux et grattée.

Dans un saladier, battre les jaunes d'œufs et le sucre. Ajouter la farine et la Maïzena. Puis, après avoir enlevé la gousse de vanille, verser le lait chaud dessus en fouettant vivement.

Remettre dans la casserole à feu moyen et faire cuire sans cesser de remuer jusqu'à 3 minutes après la reprise de l'ébullition.

Verser dans un plat, filmer au contact et réserver au froid.

3 Crème d'amandes

BEURRE POMMADE :
125 g

SUCRE EN POUDRE :
100 g

JAUNES D'ŒUFS :
90 g (environ 3)

POUDRE D'AMANDES :
125 g

Crémer le beurre pommade et le sucre. Ajouter ensuite les jaunes d'œufs un par un, puis la poudre d'amandes.

Bien mélanger. Réserver.

3 Frangipane

RHUM :
2 cuillères à soupe

Mettre 1/3 de la crème pâtissière dans la crème d'amandes et fouetter pour détendre les crèmes.

Ajouter les deux cuillères à soupe de rhum et le reste de crème pâtissière, puis bien fouetter pour homogénéiser.

Mettre dans une poche avec une douille n° 8.

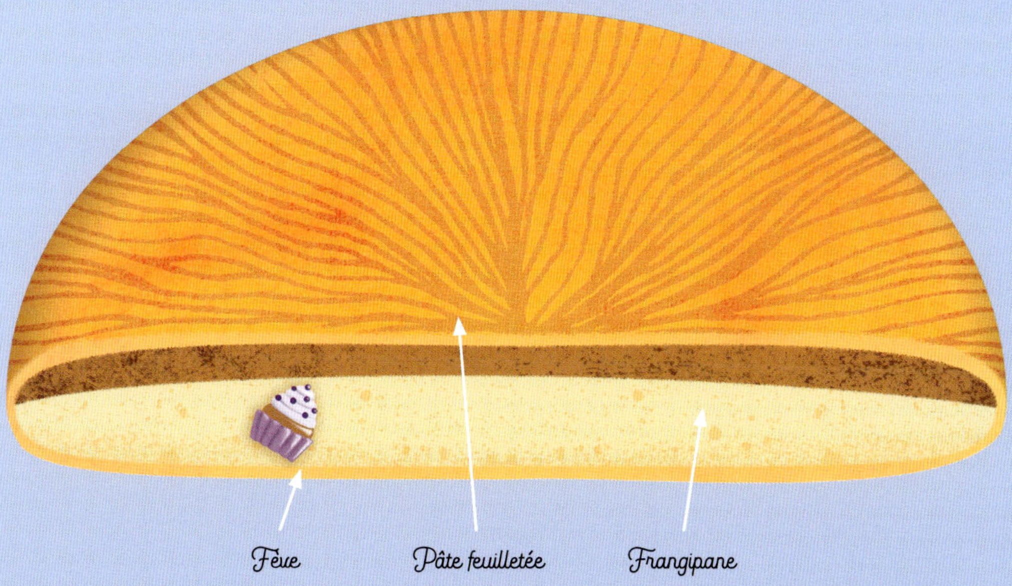

Montage de la galette

JAUNE D'ŒUF : *1*

FÈVE : *1*

PÂTE FEUILLETÉE : *2 disques*

PRALIN D'AMANDES : *180 g*

Vous pouvez réaliser vous-même le pralin (voir p. 14) ou l'acheter tout prêt.

Sortir un disque de pâte feuilletée et le mettre sur une plaque garnie de papier cuisson graissé.

Sur le fond de pâte côté piqué, réaliser une spirale de crème frangipane en partant du centre jusqu'à 2 cm du bord. Ajouter la fève.

Faire une autre spirale sur la frangipane avec le pralin d'amandes, préalablement placé dans une poche avec une douille n° 5 (ou couper l'extrémité de la poche le cas échéant).

Dorer au jaune d'œuf le bord de pâte sur 2 cm.

Poser délicatement le deuxième disque de pâte, côté piqué sur la crème. Puis bien souder les bords en chassant l'air.

Avec un couteau, dessiner une belle rosace sur le dessus de la galette et réaliser de petites entailles tout le long du bord.
Percer également un petit trou au milieu pour que la vapeur s'échappe.

Dorer au jaune d'œuf et laisser reposer au réfrigérateur pendant au moins 1/2 h.

Préchauffer le four à 200 °C et enfourner pendant 10 minutes, puis baisser la température à 180 °C et poursuivre la cuisson pendant 30 minutes.

◆ ◆ ◆

SUCRE EN POUDRE : *30 g*

EAU : *70 g*

Finition

Dans une casserole, faire bouillir l'eau et le sucre jusqu'à ce que le sucre soit fondu.

À la sortie du four, badigeonner la galette de sirop bouillant avec un pinceau.

Les gâteaux du goûter

Barre chocolatée
de Bastien

Une barre au gianduja si doux en bouche, pour toi mon grand qui aime tant le chocolat au lait ! Avec un cœur de fruits de la passion, qui reflète ton amour du piano et ta capacité à apprendre seul. L´enrobage rocher révèle ta gourmandise, et ces barres faciles à partager ta sociabilité… Ton affection et ton humour me touchent beaucoup, mon chéri. Dixit ta « dictatrice préférée » !

Biscuit croustillant aux graines

- FLOCONS D´AVOINE : *60 g*
- GRAINES DE COURGE : *30 g*
- GRAINES DE TOURNESOL : *30 g*
- GRAINES DE SÉSAME : *50 g*
- FARINE : *40 g*
- SUCRE ROUX : *100 g*
- BEURRE POMMADE : *75 g*
- ŒUF : *1*
- BICARBONATE DE SOUDE : *1 cuillère à café*

Mettre le beurre et le sucre dans le bol du robot et fouetter jusqu´à obtenir une consistance crémeuse.

Ajouter l'œuf. Incorporer la farine, le bicarbonate et les graines et bien mélanger.

Étaler la pâte sur une plaque munie de papier cuisson graissé, sur une épaisseur d´environ 0,5 cm.

Faire cuire pendant 10 à 15 minutes au four préchauffé à 180 °C. Le biscuit doit être bien doré.

Détailler six rectangles aux bords arrondis de la taille du moule (12 cm par 3).

2 Gelée à la mangue et aux fruits de la passion

PURÉE DE MANGUE : *150 g*

FRUITS DE LA PASSION : *100 g (environ 5 ou 6)*

SUCRE EN POUDRE : *50 g*

GÉLATINE EN FEUILLES (2g) : *2,5*

Réhydrater la gélatine dans de l'eau froide pendant 10 minutes.

Passer les fruits de la passion au tamis et prélever la pulpe et le jus.

Faire chauffer dans une casserole à feu moyen la purée de mangue, le sucre et les fruits de la passion sans les graines.

À la première ébullition, sortir du feu et incorporer la gélatine essorée.

Couler dans le fond du moule à six empreintes sur une épaisseur de 1 cm.

Mettre au congélateur pour au moins 2 h.
Cette étape peut être réalisée la veille du montage.

3 Gianduja

CHOCOLAT AU LAIT : *150 g*

NOISETTES : *230 g*

SUCRE GLACE : *150 g*

▶ Torréfier

Torréfier les noisettes pendant 10 à 15 minutes au four préchauffé à 160 °C.
Laisser refroidir et enlever le maximum de peaux.

Mettre 150 g de noisettes et le sucre glace dans un robot avec l'outil coupe et mixer pour obtenir une pâte fine.

Faire fondre le chocolat au bain-marie et l'ajouter à la pâte de noisettes.
Mixer pendant 20 secondes et ajouter avec une maryse 50 g de noisettes préalablement hachées.

Garder les 30 g de noisettes restants pour la préparation 4.

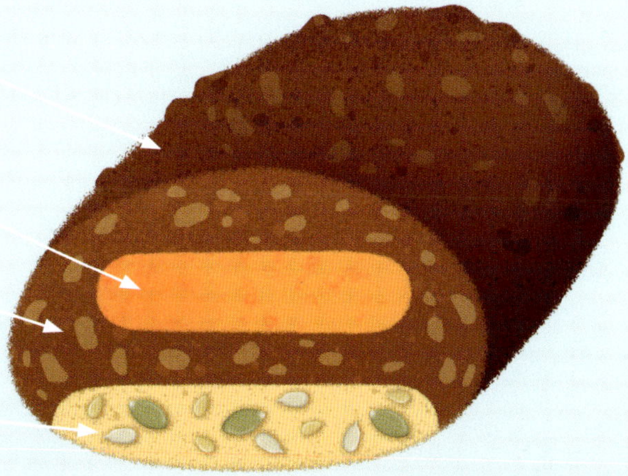

Montage des barres chocolatées

Remplir la moitié des moules avec le gianduja. Poser par-dessus la gelée à la mangue et aux fruits de la passion congelée et recouvrir avec le gianduja.

Terminer avec les rectangles de biscuit aux graines.

Mettre au congélateur pendant 5 h.
Cette étape peut être réalisée quelques jours avant la finalisation.

4 Chocolat d'enrobage

CHOCOLAT AU LAIT :
350 g

HUILE DE PÉPINS DE RAISIN :
80 g

NOISETTES TORRÉFIÉES HACHÉES :
30 g

Faire fondre le chocolat au bain-marie, puis ajouter hors du feu l'huile et les noisettes.

Cette préparation peut être utilisée à une température de 29 °C ou 30 °C.

Attention, elle se figera très vite !

Pour un résultat optimum, veillez à bien respecter la température du chocolat lors de l'enrobage. Le cas échéant, réchauffez-le ou, pour le refroidir, trempez son contenant dans un bol rempli de glaçons.

Tout-choco
de Camille

Mon dernier petit-enfant, et le plus grand amoureux de chocolat
que je connaisse ! À notre rayon de soleil, je dédie ce molly cake
très chocolaté, dont l'amertume se trouve compensée
par la douceur de la crème namelaka au Dulcey.
Le tout contenu dans cet enrobage craquant
qui amène du contraste dans le mâché…
Mon petit chéri, comme le chocolat, tes qualités
et ton caractère aimant embellissent notre vie !

Crème namelaka au chocolat Dulcey

CHOCOLAT DULCEY (BLOND) : *230 g*

CRÈME LIQUIDE À MINIMUM 30 % DE MATIÈRE GRASSE : *260 g*

LAIT ENTIER : *130 g*

GÉLATINE EN FEUILLES (2g) : *2,5*

Réhydrater la gélatine dans de l'eau froide pendant 10 minutes.

Faire fondre le chocolat au bain-marie.

Porter le lait à ébullition. Hors du feu, ajouter la gélatine essorée. Puis verser le lait en trois fois sur le chocolat en émulsionnant avec une maryse.

Verser la crème très froide et bien mélanger.
Ensuite, filmer au contact et réserver au froid pendant 2 à 3 h.

Cette étape peut être réalisée la veille du montage.

Molly cake au cacao

SUCRE EN POUDRE (MUSCOVADO SI POSSIBLE) : *250 g*

ŒUFS ENTIERS : *3*

FARINE : *230 g*

CACAO NON SUCRÉ : *25 g*

LEVURE CHIMIQUE : *10 g*

CRÈME LIQUIDE À MINIMUM 30 % DE MATIÈRE GRASSE : *250 g*

Mettre dans le bol du robot muni du fouet les œufs et le sucre et fouetter longuement. Le mélange doit doubler de volume.

Tamiser la farine, le cacao et la levure. Ajouter à la préparation et bien mélanger.

Monter la crème liquide en chantilly. Incorporer 1/3 de la chantilly au mélange précédent avec un fouet pour détendre la crème.

Ajouter ensuite le reste de la chantilly en deux fois avec une maryse, en soulevant délicatement la préparation sans faire retomber la chantilly. Cette étape est importante car elle donnera toute sa légèreté au gâteau !

Soyez particulièrement vigilant et rigoureux au moment de l'incorporation de la chantilly : la légèreté du gâteau en dépend !

Verser dans un moule de 20 cm de diamètre et 8 cm de hauteur, préalablement chemisé avec du papier cuisson graissé.

Préchauffer le four à 160 °C et faire cuire le molly cake 50 à 60 minutes environ.
Au sortir du four, la lame d'un couteau planté dans le gâteau doit ressortir sèche.

Démouler immédiatement et bien laisser refroidir.

Montage du tout-choco

Au moment de la coupe du gâteau, les trois disques doivent avoir la même épaisseur. Cela permettra en effet de mieux répartir la crème pour une meilleure dégustation.

Si le gâteau a un peu gonflé sur le dessus, araser l'excédent pour qu'il soit plat. Puis le retourner, de façon à présenter le fond plat et lisse au-dessus.

Couper le cake en trois disques de même épaisseur. Vérifier en mesurant avec une règle.

Garnir un disque de crème namelaka et poser dessus un autre disque. Répéter une fois l'opération.

Placer le gâteau au congélateur pendant 1 h pour faciliter l'enrobage chocolat.

3 Enrobage au chocolat au lait

CHOCOLAT AU LAIT : *180 g*

BEURRE DE CACAO : *150 g*

Faire fondre au bain-marie le chocolat et le beurre de cacao. Sortir du feu et laisser refroidir à 32-33 °C.

Couler le mélange sur le molly cake bien froid avec un mouvement circulaire régulier. Attention, cela va se figer très vite !

Brioche chocolatée
de Mathieu

Pour mon calme et conciliant Mathieu, voici une belle brioche bien gonflée
et toute dorée, qui cache dans son cœur une douceur chocolatée…
Un goûter aux saveurs d'enfance qui te convient particulièrement,
à toi le petit garçon si aimant et facile à vivre !

Pâte à brioche

FARINE : *375 g*

SEL : *6 g*

SUCRE EN POUDRE : *55 g*

LAIT ENTIER : *40 g*

ŒUFS ENTIERS : *190 g (environ 3 ou 4)*

BEURRE À TEMPÉRATURE AMBIANTE : *170 g*

LEVURE DE BOULANGER FRAÎCHE : *17 g*

Mettre tous les ingrédients sauf le beurre dans le bol du robot muni du crochet. Pétrir à vitesse lente pendant 5 minutes, puis à vitesse moyenne pendant 10 minutes.

Ajouter le beurre coupé en morceaux. Pétrir de nouveau à vitesse lente pendant 5 minutes, puis à vitesse moyenne pendant 10 minutes.

Laisser pousser à température ambiante pendant 30 minutes, puis au réfrigérateur pendant une nuit.

Afin d'obtenir une brioche impeccablement auréolée, attention à bien respecter le temps de pétrissage et le temps de repos.

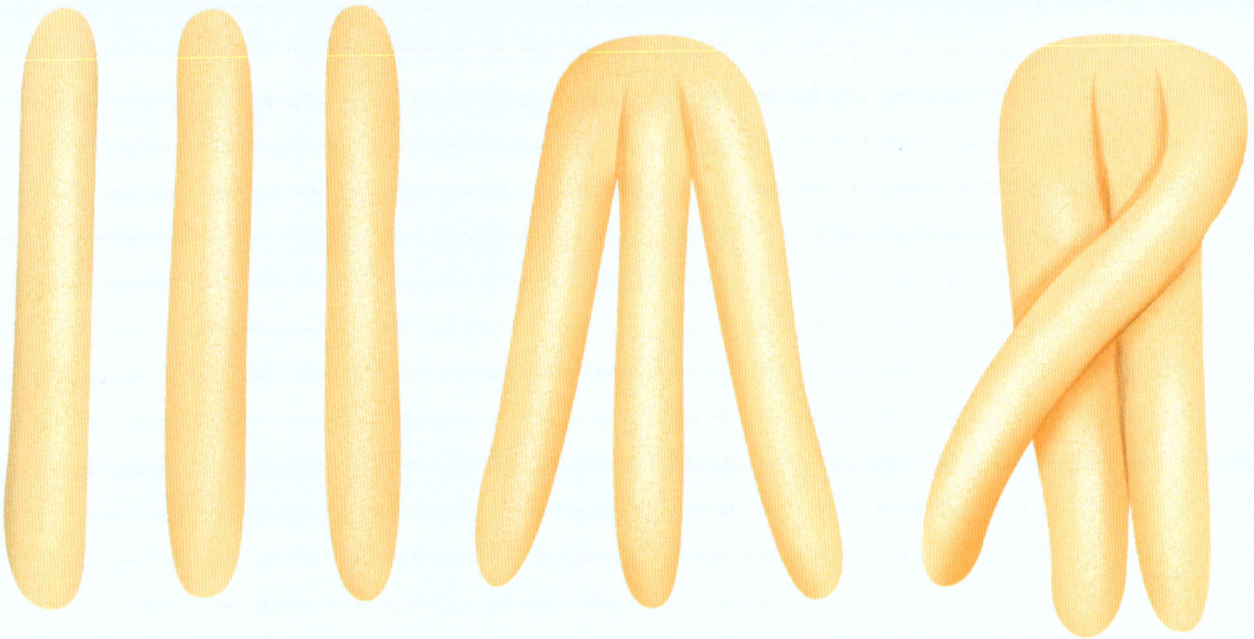

2 Ganache au chocolat au lait

CHOCOLAT AU LAIT :
250 g

CRÈME LIQUIDE À MINIMUM 30 % DE MATIÈRE GRASSE :
180 g

GLUCOSE :
25 g

Faire légèrement fondre le chocolat au bain-marie avec le glucose.

Mettre la crème dans une casserole et porter à ébullition.

La verser en trois fois sur le chocolat en émulsionnant avec une maryse jusqu'à obtenir une texture lisse et très brillante.

Réserver à température ambiante.

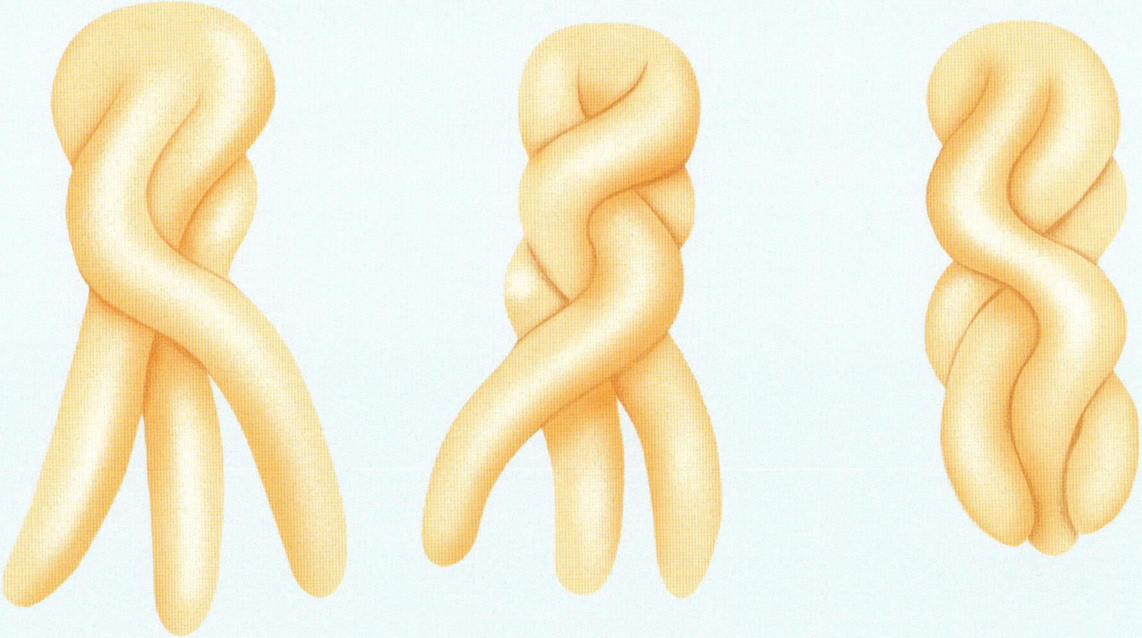

Montage de la brioche

Un point essentiel : au sortir du four, vérifiez bien la cuisson en plantant un couteau au milieu de la brioche. Il doit ressortir sec. Sinon, allongez le temps de cuisson.

Sortir la pâte du réfrigérateur et la dégazer en appuyant dessus.

Partager la pâte en trois et l'étaler avec un rouleau sur le plan de travail fariné sous la forme de rectangles d'environ 30 x 15 cm.

Recouvrir ces rectangles de ganache au chocolat en laissant une bordure de 2 cm.

Rouler la pâte chocolatée en boudins, puis bien en souder les bords en appuyant.

Inciser ces boudins sur toute la longueur pour faire apparaître le chocolat.

Natter ces boudins bien serré, et les disposer dans un moule à cake graissé d'environ 25 cm de long, 12 cm de large et 6 cm de hauteur.
Puis laisser pousser pendant 1 h 30.

Ensuite, dorer au jaune d'œuf et enfourner dans le four préchauffé à 170 °C pendant 25 minutes.

Laisser refroidir sur une grille.

Biscuit roulé aux spéculoos de Lucie

Malgré son appétit d'oiseau, ma talentueuse et créative Lucie n'hésite jamais à reprendre plusieurs fois de son gâteau préféré ! Il faut dire que la coque craquante et le roulé si onctueux font un gros câlin en bouche. Élégant, raffiné et réconfortant : ma chérie, ce gâteau me fait penser à toi…

Si votre ganache n'est pas assez froide, il sera particulièrement difficile de la répartir sur le biscuit. Même chose si elle est trop froide… L'important est que sa consistance soit bien crémeuse.

Ganache au chocolat Dulcey

CHOCOLAT DULCEY : *220 g*

CRÈME LIQUIDE À MINIMUM 30 % DE MATIÈRE GRASSE : *100 g*

GLUCOSE : *10 g*

Faire fondre le chocolat au bain-marie.

Dans une casserole, porter à ébullition la crème et le glucose. Puis verser en trois fois sur le chocolat fondu en émulsionnant avec une maryse.

Mixer au mixeur plongeant pour lisser la ganache.

Filmer au contact et laisser refroidir au moins 1 h 30.

Le chocolat Dulcey est le cadeau du hasard ! Il résulte d'une bêtise du chef Frédéric Bau : un jour, il a oublié du chocolat blanc sur le coin de son piano… chocolat qui, avec la chaleur, a légèrement caramélisé. Et le merveilleux Dulcey était né !

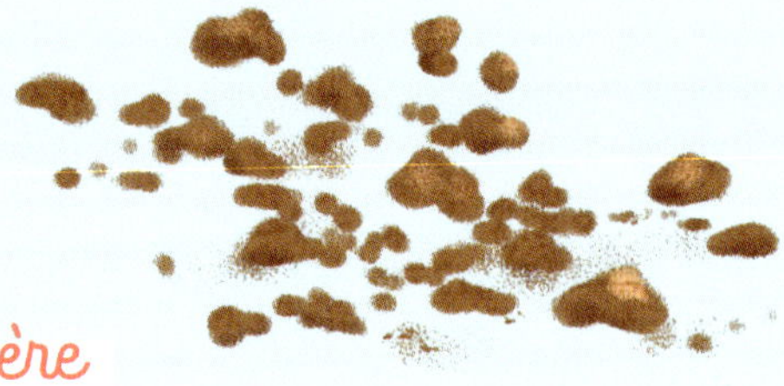

Biscuit à la cuillère

BLANCS D'ŒUFS :
135 g (4 ou 5)

SUCRE EN POUDRE :
90 g

JAUNES D'ŒUFS :
75 g (environ 4)

FÉCULE DE POMME DE TERRE :
45 g

FARINE :
45 g

SPÉCULOOS RÉDUITS EN POUDRE :
50 g

SPÉCULOOS EN MORCEAUX :
60 g

Dans le robot muni du fouet, monter les blancs en neige en ajoutant le sucre petit à petit.

Avec une maryse, incorporer les jaunes d'œufs aux blancs montés.
Faire la même chose avec la fécule, la farine et la poudre de spéculoos.

Étaler sur une plaque garnie d'un papier cuisson graissé et cuire pendant 8 à 10 minutes au four préchauffé à 200 °C.

Démouler à la sortie du four sur un torchon humide. Puis recouvrir avec un autre torchon humide, laisser refroidir légèrement et couper proprement les bords.

Lorsque le biscuit est froid, le recouvrir de ganache Dulcey et parsemer de morceaux de spéculoos.

Rouler le gâteau assez serré et réserver au congélateur pendant au moins 2 h.

Enrobage au chocolat au lait et aux spéculoos

CHOCOLAT AU LAIT :
125 g

BEURRE DE CACAO :
95 g

SPÉCULOOS :
30 g

Faire fondre le chocolat et le beurre de cacao au bain-marie.

Lorsque le mélange atteint la température de 38 °C, le sortir du bain-marie et incorporer les spéculoos coupés en morceaux de 0,5 cm de côté environ.

Laisser refroidir à 32 °C ou 33 °C.

Pour un résultat encore plus gourmand, vous pouvez aussi réaliser vous-même votre biscuit spéculoos. Vous trouverez sa réalisation dans la recette du cheesecake au bleu et aux myrtilles, p. 158.

Lorsque le chocolat est à 32 °C ou 33 °C, sortir le gâteau du congélateur et le poser sur deux socles au centre d'un plat.

Couler le glaçage avec un mouvement de va-et-vient régulier.
Attention, cela se fige très vite !

Réaliser un glaçage

Moelleux aux pommes
de Thibault

Voici un moelleux gourmand et bien fruité
avec ses pommes caramélisées qui enrobent
le palais. Pour qui d'autre que mon grand Thibault,
fin gourmet dès son plus jeune âge et toujours
prêt à découvrir de nouvelles saveurs ?
Mon chéri, ton engagement et ta sollicitude
font de toi un jeune homme plein
de compassion et attentif aux autres.
Des qualités que, pour moi, ce gâteau exprime.

Caramélisation des pommes

POMMES GOLDEN : *4*

SUCRE EN POUDRE : *100 g*

JUS DE CITRON : *1*

Peler les pommes et les couper en cubes d'environ 1,5 cm de côté.
Verser le jus de citron dessus et réserver.

Mettre le sucre dans une casserole à feu vif pour faire un caramel doré,
puis ajouter les cubes de pommes sans les laisser cuire.

Les étaler sur une plaque pour les faire refroidir, puis réserver.

Pâte pour le moelleux

FARINE :
375 g

ŒUFS ENTIERS :
170 g (environ 3)

SUCRE EN POUDRE :
175 g

BEURRE :
125 g

LAIT ENTIER :
80 g

LEVURE CHIMIQUE :
10 g

ZESTE DE CITRON :
1

Faire fondre le beurre et ajouter le lait pour bien le diluer. Réserver.

Mettre les œufs et le sucre dans le bol du robot muni du fouet.
Fouetter à vitesse rapide pour qu'ils deviennent jaune clair et très mousseux.
Ajouter le zeste de citron et le mélange beurre-lait et mélanger.

Tamiser la farine et la levure, et les ajouter petit à petit au mélange précédent.
La pâte doit être bien lisse.

Incorporer les pommes caramélisées en mélangeant avec une maryse.

Verser dans un moule à manqué graissé de 22 cm de diamètre,
puis faire cuire au four préchauffé à 165 °C pendant environ 1 h.

Vérifier la cuisson en plongeant la lame d'un couteau dans le gâteau.
Lorsqu'elle ressort sèche, il est cuit.

Laisser refroidir et saupoudrer de sucre glace.

Muffins à la framboise de Margaux

Pour ma trépidante et aventureuse Margaux, voici un goûter original à son image : un muffin au sarrasin, accompagné bien entendu de son fruit préféré. Une manière d'ajouter une agréable pointe d'acidité sans se priver du délicieux croustillant du sarrasin torréfié… Un goûter qui te ressemble, ma chérie : bien pétillant !

FARINE DE SARRASIN : *120 g*

SUCRE CASSONADE : *100 g*

POUDRE D'AMANDES : *100 g*

LEVURE CHIMIQUE : *6 g*

LAIT ENTIER : *200 g*

ŒUFS ENTIERS : *110 g (environ 2)*

BEURRE FONDU : *100 g*

FRAMBOISES FRAÎCHES : *150 g*

GRAINES DE SARRASIN : *100 g*

Torréfier les graines de sarrasin dans le four préchauffé à 165 °C pendant 10 minutes, puis réserver.

Mettre dans un saladier la farine, le sucre, la poudre d'amandes et la levure. Bien mélanger les poudres.

Dans un autre saladier, fouetter les œufs, le lait et le beurre fondu. Puis les incorporer petit à petit aux poudres afin d'obtenir un mélange homogène.

Ajouter enfin les framboises et mélanger délicatement.

Graisser les moules à muffins et les remplir aux trois quarts.

Parsemer les muffins de graines de sarrasin torréfiées et cuire au four préchauffé à 180 °C pendant environ 20 minutes.

À la sortie du four, attendre quelques minutes puis démouler délicatement.

Laisser refroidir sur une grille.

Torréfier

Marbré choco-noisettes
de Mathis

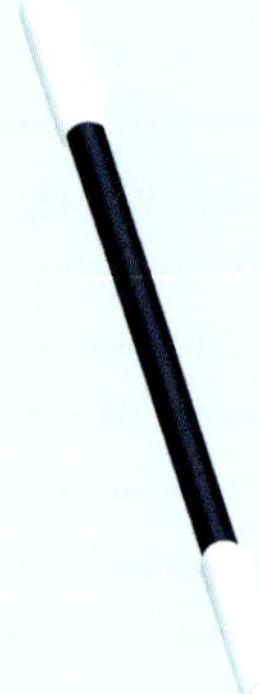

Cette recette, je la dédie à mon calme magicien si attentif aux autres, Mathis.
Un goûter classique, mais qui révèle toute sa gourmandise et sa générosité grâce à son enrobage rocher craquant autour du moelleux…
Un gâteau qui te ressemble, mon chéri, affectueux, solide et sans tape-à-l'œil !

Pâte à la vanille

BEURRE FONDU : *35 g*

ŒUFS : *110 g (2)*

SUCRE EN POUDRE : *130 g*

CRÈME LIQUIDE À MINIMUM 30 % DE MATIÈRE GRASSE : *70 g*

FARINE : *110 g*

LEVURE CHIMIQUE : *3 g*

VANILLE EN POUDRE : *½ cuillère à café*

Mettre les jaunes d'œufs et le sucre dans le bol du robot muni de la feuille, et mélanger à vitesse moyenne.

Ajouter la crème et la vanille, puis la farine tamisée avec la levure. Ajouter en dernier le beurre fondu à vitesse moyenne.

Battre les blancs en neige et les incorporer délicatement en trois fois avec une maryse. Mettre dans une poche sans douille dont l'extrémité aura été coupée, puis réserver.

Afin de réaliser un marbrage plus réussi, vous pouvez vous exercer à réaliser des mouvements de va-et-vient très serrés.

Pâte au chocolat

BEURRE FONDU : *35 g*

ŒUFS : *110 g (2)*

SUCRE EN POUDRE : *110 g*

CACAO EN POUDRE : *20 g*

CRÈME LIQUIDE À MINIMUM 30 % DE MATIÈRE GRASSE : *65 g*

FARINE : *100 g*

LEVURE CHIMIQUE : *3 g*

Dans le bol du robot muni de la feuille, mélanger les œufs, le sucre et le cacao à vitesse moyenne.

Ajouter la crème puis la farine tamisée avec la levure, toujours à vitesse moyenne. Ajouter enfin le beurre fondu.

Battre les blancs d'œufs en neige et les incorporer délicatement en trois fois avec une maryse. Bien mélanger le tout puis placer dans une poche sans douille dont l'extrémité aura été coupée.

Beurrer et fariner un moule à cake. Mettre la moitié de la pâte à la vanille dans le fond du moule. Puis déposer la pâte au chocolat, et recouvrir avec l'autre moitié de pâte à la vanille.

Avec une spatule, marbrer le gâteau dans la largeur en soulevant la pâte pour mélanger les couches.

Placer dans le four préchauffé à 165 °C pendant 45 à 50 minutes.

Vérifier la cuisson en plongeant la lame d'un couteau dans le gâteau. Lorsqu'elle ressort sèche, il est cuit. Placer au congélateur pendant 3 h.

Enrobage chocolat noisettes

CHOCOLAT AU LAIT : *200 g*

HUILE DE PÉPINS DE RAISIN : *40 g*

NOISETTES ENTIÈRES : *80 g*

Torréfier les noisettes dans le four préchauffé à 170 °C pendant environ 10 minutes.

Laisser refroidir et enlever la peau des noisettes en les frottant entre les mains.

Hacher les noisettes assez finement et réserver.
Faire fondre le chocolat au bain-marie. Ajouter ensuite l'huile et les noisettes hachées.

Mettre dans un pichet et utiliser à 35 °C.

Finition

Sortir le marbré du congélateur et le poser sur une grille. Placer un plat sous la grille.

Verser le chocolat d'enrobage à 35 °C sur le marbré en un mouvement régulier. Attention, cela va se figer très vite !

Attendre 1 h 30 pour déguster.

Torréfier

Cheesecake de Morgane

Ma vie de grand-mère que j'aime tant a commencé avec toi, ma chérie !
Bien sûr, le cheesecake est plus un dessert qu'un goûter…
Mais c'est ce que tu préfères. Le voilà donc, ce cheesecake cuit comme à New York, extrêmement léger et qui fond en bouche.
Accompagné bien sûr de fruits frais et de son coulis.
Un hommage à toi, ma chérie, si douce et si affectueuse !

Fond de pâte spéculoos

BISCUITS SPÉCULOOS : *180 g*

BEURRE : *40 g*

Émietter les biscuits à l'aide du rouleau à pâtisserie ou du mixer pour obtenir des miettes assez fines mais pas une poudre. Les placer dans un saladier.

Faire fondre le beurre et le verser chaud sur les biscuits écrasés, puis bien mélanger pour obtenir une pâte granuleuse.

Chemiser un moule à manqué de 6 cm de hauteur avec un papier cuisson graissé.

Répartir la pâte au fond du moule en remontant vers les bords, en la tassant bien.

Laisser figer au réfrigérateur pendant environ 30 minutes.

Pour un résultat encore plus gourmand, vous pouvez aussi réaliser vous-même votre biscuit spéculoos. Vous trouverez sa réalisation dans la recette du cheesecake au bleu et aux myrtilles, p. 158.

Attention à ne pas trop monter les blancs en neige et à les garder souples. La densité de la pâte risque sinon de s'avérer trop importante, et de moins fondre en bouche.

Appareil cream cheese

CREAM CHEESE (PHILADELPHIA) : *500 g*

CRÈME FRAÎCHE ÉPAISSE : *120 g*

ŒUFS : *3*

SUCRE EN POUDRE : *120 g*

EXTRAIT DE VANILLE LIQUIDE : *2 cuillères à café*

ZESTE DE CITRON : *1*

Battre les trois blancs d'œufs en neige. Réserver.

Dans le bol du robot muni du fouet, mettre les jaunes d'œufs, le sucre, la crème, le cream cheese, la vanille et le zeste de citron.

Fouetter à vitesse moyenne pour obtenir un mélange homogène.

Incorporer les blancs en neige en trois fois avec la maryse. Puis verser dans le moule garni de biscuits spéculoos.

Placer dans le four préchauffé à 180 °C pendant environ 45 minutes.

Après 45 minutes de cuisson, éteindre le four et laisser reposer le cheesecake à l'intérieur pendant 30 minutes.

Mettre le cheesecake au réfrigérateur pendant au moins 3 h.

Coulis de framboises

FRAMBOISES SURGELÉES : *500 g*

SUCRE EN POUDRE : *70 g*

JUS DE CITRON : *1*

Mettre les framboises avec le sucre dans une casserole sur feu vif.

Lorsque toutes les framboises sont décongelées et le sucre bien dissous, ajouter hors du feu le jus de citron.

Mixer le mélange obtenu et passer au tamis pour enlever les graines de framboises. Puis réserver au froid.

Finition

Après la prise au froid, démouler le cheesecake et le servir avec le coulis de framboises.

Les gâteaux *rapido*

Cake au citron & pavot

Un petit goût de cette belle ville d'Angleterre, Londres, où j'ai dégusté un jour dans un salon de thé au décor très victorien un délicieux cake au citron-pavot. Après avoir fait beaucoup de tentatives, je pense avoir retrouvé avec cette recette le goût qui m'avait tant séduite.
Fermez les yeux, mâchez… *You are in London !*

Pour les grands passionnés de citron, vous pouvez aussi forcer la dose et utiliser trois zestes au lieu de deux.

1 Appareil à cake

BEURRE FONDU :
70 g

CITRON JAUNE :
2

FARINE :
190 g

LEVURE CHIMIQUE :
6 g

ŒUFS :
220 g (environ 4)

SUCRE EN POUDRE :
250 g

CRÈME LIQUIDE À MINIMUM 30 % DE MATIÈRE GRASSE :
100 g

GRAINES DE PAVOT BLEU :
1 cuillère à soupe

SEL :
1 pincée

Râper le zeste des deux citrons et réserver.

Dans le bol du robot muni du fouet, battre les œufs et le sucre à vitesse moyenne pendant 5 minutes environ. Le mélange doit blanchir et doubler de volume.

Ajouter dans le bol le zeste de citron, le sel et la crème.
Mélanger avec le fouet.

Incorporer ensuite la farine tamisée avec la levure, le beurre fondu et 1/2 cuillère à soupe de graines de pavot.

Verser la pâte dans un moule à cake graissé de 22 cm de long.

Parsemer le dessus du cake de graines de pavot.

Placer dans le four préchauffé à 180 °C pendant 10 minutes.
Puis réduire la température à 150 °C et continuer la cuisson pendant environ 35 minutes.

Vérifier la cuisson en plongeant la lame d'un couteau dans le gâteau. Lorsqu'elle ressort sèche, il est cuit.

2 Sirop d'imbibage

EAU :
200 g

SUCRE EN POUDRE :
80 g

JUS DE CITRON :
2

Mettre l'eau et le sucre dans une casserole et faire bouillir pour dissoudre le sucre pendant environ 5 à 7 minutes.

Hors du feu, ajouter le jus de citron et réserver.

Finition

Démouler le cake à la sortie du four et le poser sur une grille.

Verser très doucement le sirop bien chaud sur le cake brûlant.
Puis laisser refroidir à température ambiante.

Crème caramel
de Mamie Solex

Bien sûr, un dessert très simple mais ô combien réconfortant et plein de souvenirs de mon enfance ! Quand je la déguste, je me revois aller chercher le lait à la ferme et Maman ramasser les œufs de ses poules. Ensuite je préparais avec elle cette délicieuse crème dans une indescriptible odeur de caramel qui embaumait toute la maison…

1 Caramélisation du moule

SUCRE EN POUDRE : *200 g*

Faire fondre le sucre dans une casserole pour obtenir un caramel blond.

Verser le caramel liquide dans un moule en remontant les bords.

Laisser durcir le caramel et réserver.

Pour ma part, j'utilise un saladier en Pyrex de 2 litres, comme le faisait ma maman !

2 Appareil à crème

LAIT ENTIER (CRU SI POSSIBLE) :
1 L

ŒUFS :
10

SUCRE EN POUDRE :
120 g

VANILLE EN GOUSSES :
2

Dans une casserole, porter à ébullition le lait, le sucre et les gousses de vanille fendues en deux et grattées.

Laisser infuser pendant 15 minutes puis enlever les gousses.

Dans un saladier, battre les œufs pendant 2 minutes.
Puis verser par-dessus le lait chaud en fouettant.

Passer le mélange au chinois et verser dans le moule garni de caramel.

Poser le moule dans un bain-marie chaud.

Placer dans le four préchauffé à 170 °C pendant environ 35 minutes.

Vérifier la cuisson en plongeant la lame d'un couteau dans la crème.
Lorsqu'elle ressort sèche, la crème est cuite.

À la sortie du four, laisser refroidir et mettre au réfrigérateur pendant au moins 5 h.

Finition

Démouler la crème caramel dans un plat creux en faisant bien couler le caramel dessus.

Choux
à la crème

Des choux moelleux fondants, une crème au praliné suave et réconfortante… Quoi de plus régressif ? Prenez garde à ce gâteau tellement gourmand, qui fait un bien fou au corps et au cœur. Car vous n´en ferez qu´une bouchée, et qu´il n´y en aura jamais assez…

1 Crème pâtissière pralinée

JAUNES D´ŒUFS : *5*

SUCRE EN POUDRE : *40 g*

LAIT ENTIER : *300 g*

FARINE : *12 g*

MAÏZENA : *12 g*

VANILLE EN GOUSSE : *1*

PRALIN : *150 g*

BEURRE : *40 g*

Faire bouillir le lait avec la gousse de vanille fendue en deux et grattée. Laisser infuser pendant 5 minutes.

Mettre les jaunes d´œufs et le sucre dans un saladier et fouetter pour faire blanchir le mélange. Ajouter la farine et la Maïzena. Bien mélanger.

Enlever la gousse de vanille et verser le lait chaud sur le mélange en fouettant.

Remettre dans la casserole sur feu moyen.
Porter à ébullition pendant 2 à 3 minutes pour faire épaissir.

Hors du feu, ajouter le beurre coupé en morceaux et le pralin.
Bien mélanger.

Filmer au contact et réserver au réfrigérateur pendant une nuit.

2 Craquelin

Réaliser un craquelin

SUCRE CASSONADE : *70 g*

BEURRE : *70 g*

FARINE : *70 g*

Dans un saladier, mélanger à la main le sucre, le beurre et la farine jusqu'à obtenir une pâte granuleuse.

Étaler la pâte entre deux feuilles de papier cuisson avec un rouleau, sur une épaisseur de 0,5 cm.
Puis placer au congélateur pendant au moins 1 h.

3 Pâte à choux

EAU : *90 g*

LAIT ENTIER : *90 g*

SUCRE EN POUDRE : *3 g*

SEL : *2 g*

BEURRE : *80 g*

FARINE : *110 g*

ŒUFS ENTIERS : *160 g (environ 3)*

Pocher des choux

Mettre dans une casserole le beurre coupé en morceaux, l'eau, le lait, le sucre et le sel. Faire bouillir jusqu'à ce que le beurre soit fondu.

Hors du feu, ajouter la farine en une fois, bien mélanger.

Remettre sur feu moyen pour dessécher la pâte et remuer sans cesse pendant environ 4 à 5 minutes.

Transvaser la pâte dans le bol du robot muni du fouet et battre à vitesse lente pour la laisser tiédir.

Dans le bol, ajouter en trois fois les œufs battus à vitesse moyenne jusqu'à ce que la pâte constitue un épais ruban.
Puis l'introduire dans une poche munie d'une douille ronde n° 8.

Sur une feuille de papier cuisson graissé, tracer au crayon des cercles de 3 cm de diamètre répartis en quinconce. Pocher ensuite la pâte dans ces cercles.

Sortir le craquelin du congélateur et détailler à l'emporte-pièce des disques de 3 cm. Les poser sur la pâte en appuyant légèrement.

Placer dans le four préchauffé à 185 °C pendant 20 à 25 minutes.

Laisser refroidir sur une grille.

Finition

CRÈME LIQUIDE À MINIMUM 30 % DE MATIÈRE GRASSE : *120 g*

SUCRE GLACE : *30 g*

Monter la crème en chantilly avec le sucre glace. Puis réserver.

Sortir la crème pâtissière du froid et la fouetter à vitesse rapide pendant environ 4 minutes pour la détendre. Puis incorporer la crème chantilly en trois fois.

Mettre la crème dans une poche munie d'une douille n° 6.

Avec un petit couteau, percer les choux et les remplir de crème en pressant doucement sur la poche. Réaliser l'opération jusqu'à ce que la crème ressorte un peu.

Pavlova aux framboises

Voici le gâteau que les petits et les grands me réclament tout le temps ! Comme je les comprends : quand on le déguste, on a l'impression de croquer dans un nuage…
Aussi léger qu'un entrechat de cette ballerine pour laquelle, dit-on, ce gâteau fut conçu un beau jour en Australie !

1 Meringue

BLANCS D'ŒUFS :
150 g (5)

SUCRE EN POUDRE :
150 g

SUCRE GLACE :
150 g

Mettre les blancs d'œufs dans le bol du robot muni du fouet et battre à vitesse moyenne.

Ajouter petit à petit le sucre en poudre pour obtenir une meringue brillante et bien ferme qui forme un bec d'oiseau.
Ajouter le sucre glace avec une maryse en soulevant délicatement la meringue. Placer dans une poche sans douille dont l'extrémité sera coupée.

Pocher sur une feuille de papier cuisson un disque de 22 cm de diamètre en escargot, puis modeler un boudin sur ce disque de manière à créer un rebord. Il est possible de lui donner une forme, de fleur par exemple, en veillant bien à préserver le rebord.

Placer dans le four préchauffé à 105 °C pendant 1 h 30.

Laisser refroidir avant de manipuler la meringue.

▶ Pocher une meringue

Si vous souhaitez ajouter des fruits sous la chantilly, il vous faudra chablonner la meringue : faire fondre un peu de chocolat blanc et le passer lorsqu'il est encore chaud au pinceau sur la meringue pour l'isoler.

2 Coulis de framboises

FRAMBOISES SURGELÉES : *500 g*

SUCRE EN POUDRE : *40 g*

JUS DE CITRON : *1*

Mettre les framboises et le sucre dans une casserole sur feu vif pendant environ 8 à 10 minutes.

Lorsque toutes les framboises sont décongelées et le sucre dissous, ajouter hors du feu le jus de citron. Puis passer au chinois pour enlever les graines de framboises.

Réserver au froid.

3 Crème chantilly

CRÈME LIQUIDE À MINIMUM 30 % DE MATIÈRE GRASSE : *300 g*

SUCRE EN POUDRE : *50 g*

ZESTE DE CITRON : *1*

Mettre la crème dans le bol du robot muni du fouet préalablement refroidi au congélateur.

Fouetter vivement. Lorsque la crème est à moitié montée, ajouter le sucre et le zeste de citron jusqu'à obtenir une crème ferme qui forme un bec d'oiseau.

Placer dans une poche munie d'une douille ronde n° 10.

Montage de la pavlova

Pocher la chantilly sur le disque de meringue.

Disposer les framboises sur la chantilly en cercles concentriques en partant du centre, jusqu'à 3 cm du bord.

Avec une cuillère parisienne, creuser éventuellement des cavités régulières dans la crème chantilly couvrant les 3 cm restants. Remplir les éventuelles cavités avec le coulis de framboises, puis servir le reste à part.

Les tops de Cyril Lignac

Entremets au thé Earl Grey et à la pêche

Comme une évidence, c'est le thé que je bois tous les matins. Cette saveur légèrement amère est extrêmement intéressante et délicate. J'ai longtemps cherché sans succès un fruit avec lequel l'associer. Jusqu'à ce que l'idée naisse un jour d'un petit déjeuner détox aux fruits : le goût si subtil de la pêche blanche a soudain fait ressortir le thé de façon exquise. Une évidence !

1 Compotée de pêches

PÊCHES PELÉES DÉNOYAUTÉES : *400 g*

MIEL : *40 g*

JUS DE CITRON : *20 g*

CASSONADE : *30 g*

GÉLATINE EN FEUILLES (2g) : *3*

Réhydrater la gélatine dans de l'eau froide pendant 10 minutes.

Couper les pêches en petits cubes et en réserver un quart. Mettre le reste à cuire dans une casserole avec le miel, le jus de citron et la cassonade.

Lorsque les fruits sont tendres, mais pas encore en compote, ajouter les dés de pêche crus et incorporer la gélatine préalablement essorée.

Mettre dans des moules demi-sphères de 3 cm de diamètre, puis placer au congélateur pendant au moins 2 heures.

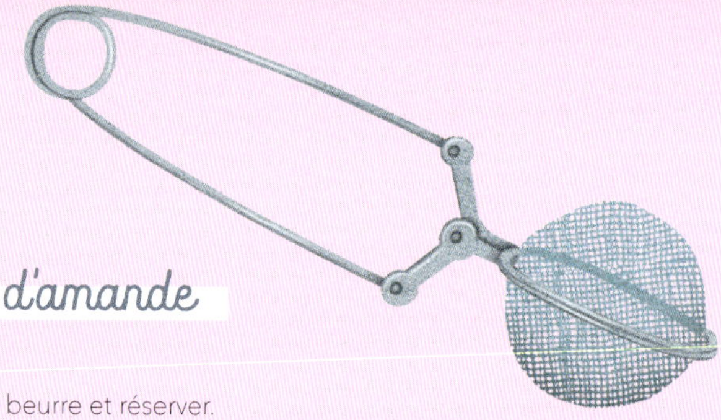

2 Biscuit joconde aux éclats d'amande

POUDRE D'AMANDES : *80 g*

SUCRE GLACE : *80 g*

ŒUFS : *95 g (2)*

BLANCS D'ŒUFS : *90 g (3)*

SUCRE EN POUDRE : *15 g*

BEURRE : *15 g*

FARINE : *20 g*

AMANDES EFFILÉES : *15 g*

Faire fondre le beurre et réserver.

Mettre la poudre d'amandes et le sucre glace tamisé dans le bol du robot muni du fouet. Ajouter les œufs entiers et faire tourner à puissance maximale jusqu'à ce que le mélange double de volume.

Pendant ce temps, monter les blancs d'œufs en neige et incorporer le sucre en poudre.

Ajouter au premier mélange le beurre fondu. Incorporer avec la maryse la farine et les blancs en neige, puis verser les amandes effilées.

Disposer le mélange sur une plaque garnie de papier cuisson graissé sur une épaisseur de 1 à 1,5 cm.

Placer au four préchauffé à 200 °C pendant 7 à 8 minutes.

Démouler et faire 8 disques de 5,5 cm et 8 disques de 4 cm. Réserver.

Faites attention à bien surveiller la durée de l'infusion du thé. Goûtez régulièrement pour contrôler le degré d'amertume et lui donner la saveur exacte que vous aimez.

3 Mousse bavaroise au thé Earl Grey

LAIT ENTIER : *100 g*

JAUNES D'ŒUFS : *55 g (3)*

SUCRE EN POUDRE : *35 g*

THÉ EARL GREY : *2 cuillères à café*

GÉLATINE EN FEUILLES (2g) : *2,75*

CRÈME LIQUIDE À MINIMUM 30 % DE MATIÈRE GRASSE : *270 g*

Démouler un entremets

Réhydrater la gélatine dans de l'eau froide pendant 10 minutes.

Faire bouillir le lait et y mettre le thé à infuser pendant 7 à 8 minutes. Filtrer et réserver.

Fouetter les jaunes d'œufs et le sucre jusqu'à ce que le mélange blanchisse. Verser ensuite le lait sur les jaunes, bien mélanger et remettre dans la casserole.

Faire cuire à feu moyen pendant 3 à 5 minutes. La crème doit napper la cuillère.

Hors du feu, ajouter la gélatine préalablement essorée et laisser tiédir.

Dans le bol du robot, monter la crème en chantilly avec le fouet préalablement refroidi au congélateur.

Incorporer en trois fois avec une maryse la chantilly à la crème au thé. Puis placer dans une poche à douille dont l'extrémité aura été coupée et réserver.

4 Biscuit sablé

SUCRE EN POUDRE : *85 g*

BEURRE POMMADE : *85 g*

ŒUFS : *75 g (2)*

FARINE : *170 g*

LEVURE CHIMIQUE : *3 g*

VANILLE EN POUDRE : *1 cuillère à café*

ZESTE DE CITRON : *1*

FLEUR DE SEL : *1 pincée*

Mettre le beurre pommade et le sucre dans le bol du robot muni du fouet. Pour obtenir une pâte crémeuse, ajouter un œuf.

Remplacer le fouet par le crochet et ajouter la farine, la levure, la fleur de sel, la vanille et le zeste de citron.

Pétrir pendant 1 minute. Puis former une boule et réserver au frais pendant 10 à 15 minutes.

Étaler la pâte avec un rouleau sur une épaisseur de 0,5 cm. Puis découper des disques de 7 cm de diamètre.

Battre l'œuf restant et dorer avec un pinceau les disques de pâte sablée.

Placer dans le four préchauffé à 180 °C pendant 10 à 12 minutes. Laisser refroidir.

Montage de l'entremets

Poudrer un entremets

Sortir les demi-sphères du congélateur et poser dessus un disque de 4 cm de biscuit Joconde. Puis remettre au congélateur pendant 5 minutes.

Pocher deux tiers de la crème bavaroise au thé dans des moules en forme de pêche en remontant bien sur les bords.

Déposer l'insert pêche biscuit congelé.

Pocher le reste de la bavaroise et terminer par le disque de 5,5 cm de biscuit Joconde.

Congeler pendant au moins 6 h.

SPRAY VELOURS BLANC : *1*

SPRAY VELOURS ROUGE : *1*

SPRAY VELOURS VERT : *1*

GLUCOSE : *10 g*

PÂTE D'AMANDES DE COULEUR MARRON : *50 g*

Finition

Former des petites tiges avec la pâte d'amandes, puis réserver.

Sortir les pêches du congélateur et les poudrer : d'abord en blanc, puis très légèrement en vert et en rouge.

Placer la petite tige marron et une ou deux gouttes de glucose pour figurer la rosée.

Déposer les pêches sur les disques de pâte sablée.

Patienter 2 à 3 h avant la dégustation.

Financiers
à la mandarine

Le financier est le gâteau idéal pour ceux qui aiment les amandes. C'est tellement vrai que j'en garde toujours d'avance dans une boîte en métal... Dans cette recette, j'ai cherché à associer mandarine, basilic et crème au citron pour faire plaisir à mon amie Loréna, qui raffole de ces saveurs. Subtilité délicieuse, les agrumes permettent aussi de désucrer un peu le financier...

Une autre indication utile à la préparation de votre beurre noisette est d'écouter le moment où il se met à « chanter ». Il est alors prêt à l'usage !

1 Financier au zeste de mandarine

MOULE À EMPREINTES POUR MUFFINS DE 6 CM DE DIAMÈTRE ET 3,5 CM DE HAUT

BEURRE : *150 g*

BLANCS D'ŒUFS : *160 g (4 ou 5)*

SUCRE GLACE : *125 g*

POUDRE D'AMANDES : *100 g*

FARINE : *60 g*

VANILLE EN POUDRE : *1 cuillère à café*

ZESTE DE MANDARINE RÂPÉ : *1 cuillère à café*

Faire chauffer le beurre dans une casserole à feu vif jusqu'à ce qu'il prenne une couleur noisette. Puis, hors du feu, filtrer et réserver.

Monter les blancs en neige assez souple. Ajouter ensuite petit à petit le sucre glace avec une maryse.

Incorporer la farine, la poudre d'amandes, la vanille et le zeste de mandarine. Bien mélanger et incorporer le beurre noisette.

Graisser le moule à muffins, verser la pâte dans les empreintes et placer au four préchauffé à 180 °C pendant 20 à 30 minutes.

Vérifier la cuisson avec la pointe d'un couteau qui doit ressortir bien sèche. Les gâteaux doivent être bien dorés.

Laisser refroidir 6 à 7 minutes à la sortie du four, puis démouler. Lorsque les gâteaux sont bien froids, creuser une cavité par en haut jusqu'aux deux tiers de la hauteur à l'aide d'une cuillère parisienne. Réserver.

2 Mousse à la mandarine et au basilic

MOULE À EMPREINTES DEMI-SPHÈRES DE 5 CM DE DIAMÈTRE

PURÉE OU JUS DE MANDARINE : *300 g*

SUCRE EN POUDRE : *45 g*

BASILIC : *1 bouquet*

GÉLATINE EN FEUILLES (2g) : *4,5*

CRÈME LIQUIDE À MINIMUM 30 % DE MATIÈRE GRASSE : *300 g*

Réhydrater la gélatine dans de l'eau froide pendant 10 minutes.

Dans une casserole, faire chauffer le jus de mandarine avec le sucre et le basilic. Après la première ébullition, éteindre et laisser infuser pendant 10 minutes. Puis retirer le basilic et réchauffer.

Hors du feu, incorporer la gélatine préalablement essorée puis laisser refroidir à 28-30 °C.

Monter la crème en chantilly dans le bol du robot muni du fouet préalablement refroidi au congélateur.

Incorporer en trois fois la chantilly à la compotée de mandarine avec une maryse.

Couler dans les moules demi-sphères et placer au congélateur pendant au moins 3 heures.

3 Crème de citron

CITRONS JAUNES : *4*

SUCRE CASSONADE : *170 g*

BEURRE : *45 g*

ŒUFS : *225 g (4 ou 5)*

MAÏZENA : *1,5 cuillère à soupe*

Prélever la peau de deux citrons en vérifiant bien qu'ils ne contiennent pas de peau blanche.

Les mettre dans une casserole d'eau froide et faire bouillir pendant 3 à 4 minutes. Puis bien rincer.

Couper les zestes très finement et les faire cuire avec 50 g de sucre cassonade dans 150 g d'eau pendant 7 à 8 minutes. Égoutter.

Presser les citrons pour obtenir 18 cl de jus.

Battre les œufs avec le reste de sucre. Délayer la Maïzena avec le jus de citron, ajouter les zestes et verser sur les œufs et le sucre.

Mettre dans une casserole et cuire à feu moyen sans cesser de battre pendant 3 à 4 minutes jusqu'à ce que le mélange épaississe.

Hors du feu, ajouter le beurre et mixer. Laisser refroidir.

4 Suprêmes de mandarines

Afin de ne pas risquer de détremper le biscuit financier, veillez à séchez les suprêmes une fois prélevés sur du papier absorbant.

MANDARINES : *4 ou 5*

Peler les mandarines à vif, prélever les suprêmes et les couper en deux.

Préparer des suprêmes d'agrumes

Montage des financiers

SPRAY VELOURS BLANC : *1*

ZESTE DE MANDARINE : *1*

FEUILLE D'OR

Remplir les cavités des financiers avec la crème de citron.
Bien lisser le dessus.

Sortir les mousses du congélateur et les poudrer de blanc.
Puis les déposer sur les financiers et disposer les suprêmes autour.

Terminer en posant quelques morceaux de zeste et un peu de feuille d'or.

Poudrer un entremets

Cheesecake au bleu et aux myrtilles

Ce dessert est né lors d'une dégustation de fromages et de fruits. Sa particularité ? L'équilibre délicat entre ses différentes parties, essentiel à la qualité du résultat ! Lors du passage de Mercotte et Cyril pendant l'émission, ils avaient eu peur que je me retrouve « hors sujet ». Et leur commentaire concernant le crémeux m'avait déstabilisée, quand Cyril avait parlé du « baiser de la vache »… J'ai persévéré, et heureusement cela s'est transformé en un joli top. Surtout, le jury s'est régalé ! Ouf !

1 Crémeux au gorgonzola

MOULES DEMI-SPHÈRES DE DIAMÈTRE 2,5 CM

GORGONZOLA : *45 g*

CRÈME LIQUIDE À MINIMUM 30 % DE MATIÈRE GRASSE : *100 g*

JAUNES D'ŒUFS : *35 g (2)*

SUCRE EN POUDRE : *20 g*

GÉLATINE EN FEUILLES (2g) : *1*

Réhydrater la gélatine dans de l'eau froide pendant 10 minutes.

Couper le gorgonzola en petits morceaux et le faire chauffer avec la crème dans une casserole.

Afin d'atténuer la puissance du fromage, vous pouvez choisir un gorgonzola très crémeux.

Battre les jaunes d'œufs et le sucre, puis verser la crème au gorgonzola et bien mélanger.

Remettre dans la casserole et cuire à feu moyen sans cesser de remuer pendant 3 minutes environ. La crème doit napper la cuillère.

Hors du feu, ajouter la gélatine essorée et mixer.

Couler dans les moules demi-sphères et placer au congélateur pendant au moins 2 heures.

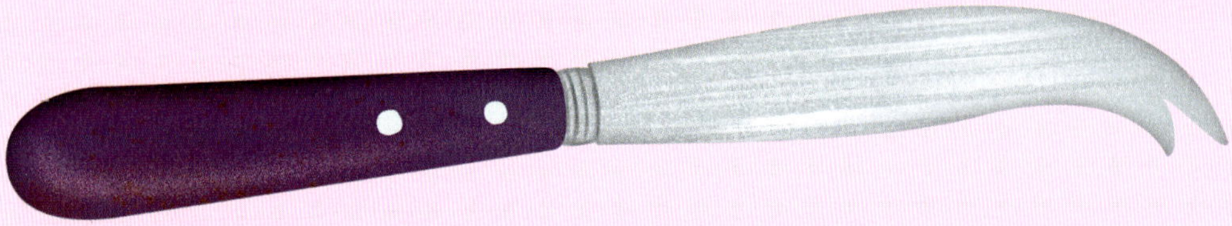

2 Biscuit spéculoos

FARINE :
125 g

BEURRE :
60 g

ŒUFS ENTIERS :
55 g (1)

SUCRE CASSONADE :
75 g

LEVURE CHIMIQUE :
2 g

FLEUR DE SEL :
1 pincée

CANNELLE EN POUDRE :
2 g

QUATRE ÉPICES :
2 g

GINGEMBRE EN POUDRE :
1 pincée

POIVRE BLANC :
1 pincée

Dans le bol du robot muni de la feuille, tamiser la farine et la levure.

Ajouter le beurre bien froid en morceaux et faire tourner à vitesse moyenne pour obtenir un mélange sableux.

Stopper le robot et ajouter tous les autres ingrédients.
Relancer le robot quelques instants pour amalgamer.

Fraiser la pâte quelques instants pour obtenir un mélange homogène.
Puis l'étaler au rouleau sur une épaisseur de 0,5 cm environ.

Déposer sur une plaque garnie de papier cuisson graissé.

Placer dans le four préchauffé à 170°C pendant 10 à 15 minutes, jusqu'à obtenir une légère coloration.

Détailler ensuite à l'emporte-pièce des disques de 6 cm de diamètre.

Réserver et conserver les brisures.

3 Cream cheese à la chantilly citronnée

CREAM CHEESE (PHILADELPHIA) :
300 g

CRÈME LIQUIDE À MINIMUM 30 % DE MATIÈRE GRASSE :
200 g

CITRONS JAUNES :
2

GÉLATINE EN FEUILLES (2g) :
1

SUCRE EN POUDRE :
35 g

Réhydrater la gélatine dans de l'eau froide pendant 10 minutes.

Dans le bol du robot muni du fouet préalablement refroidi au congélateur, placer le cream cheese, ajouter le zeste d'un citron et demi et le jus d'un demi-citron. Fouetter quelques instants.

Ajouter la crème liquide bien froide et le sucre, puis battre comme pour monter une chantilly.

Placer la gélatine dans un petit pot, y ajouter une cuillère à café d'eau et faire fondre au micro-ondes pendant 5 secondes.
Puis l'ajouter à la crème en mélangeant bien avec une maryse.

Mettre dans une poche dont l'extrémité aura été coupée.

4 Coulis de myrtilles

MYRTILLES : *300 g*

EAU : *3 cuillères à soupe*

SUCRE EN POUDRE : *25 g*

JUS DE CITRON : *3 cuillères à soupe (1 citron)*

Réserver une douzaine de myrtilles.

Mettre tous les ingrédients dans une casserole et faire cuire à feu moyen.

Quand les myrtilles sont cuites, les mixer et les passer au chinois. Puis réserver au froid.

Montage du cheesecake

MOULE À EMPREINTES SAMOURAÏ DE SILIKOMART

MYRTILLES : *100 g*

Poudrer un entremets

SPRAY VELOURS BLANC : *1*

SPRAY VELOURS BLEU : *1*

DEMI-MYRTILLES : *24*

BRISURES DE BISCUITS SPÉCULOOS

Couper les myrtilles en deux.

Pocher deux tiers du cream cheese au fond du moule.

Disposer des demi-myrtilles et placer le crémeux gorgonzola congelé par-dessus.

Ajouter des myrtilles et recouvrir avec le tiers de cream cheese restant.

Terminer avec les disques de spéculoos, puis placer au congélateur pendant 6 ou 7 h.

Finition

Sortir les entremets du congélateur. Les poudrer en blanc et réaliser un léger nuage de spray bleu.

Disposer sur le dessus des entremets quelques brisures de biscuits spéculoos et 2 ou 3 demi-myrtilles.

Tartelettes au pamplemousse rose

Le dernier défi de Cyril, et mon plus beau top ! Avec ce dessert, j'ai cherché à mettre à l'honneur l'amertume, à mon goût une saveur intéressante. Face à elle, la crème chiboust, qui est un peu sucrée, remplit parfaitement son rôle de modérateur. Quant à la pâte sucrée, elle craque agréablement. Tout cela, de l'avis de Cyril, pour un résultat « digne d'être dans sa vitrine » ! Alors comment ne pas lui dédier ce gâteau ?

1 Pâte sucrée aux zestes de citron vert

MOULE TARTELETTES
MINI TWIST SILIKOMART
DIAMÈTRE 7 CM ET HAUTEUR 2 CM

FARINE : *250 g*

BEURRE : *120 g*

SUCRE GLACE : *100 g*

ŒUF : *1*

POUDRE D'AMANDES : *25 g*

ZESTES DE CITRON VERT : *2*

FLEUR DE SEL : *1 pincée*

Mettre le sucre et le beurre coupé en petits morceaux dans le bol du robot muni de la feuille. Faire tourner pour obtenir une pâte crémeuse, puis incorporer l'œuf et le sel.

Ajouter la farine, la poudre d'amandes et le zeste de citron. Mélanger sans trop travailler.

Étaler la pâte entre deux feuilles de papier cuisson ou de papier guitare sur une épaisseur de 0,5 à 0,7 cm. Puis mettre au réfrigérateur pendant 15 minutes.

Foncer les cercles à tartelettes, piquer le fond avec une fourchette et placer au fond un disque de papier cuisson.

Disposer des billes de céramique sur le papier au fond du moule.

Placer au four préchauffé à 165 °C pendant 15 à 20 minutes. Les fonds de tartelettes doivent être bien dorés.

Réserver.

2 Crème chiboust à la vanille

LAIT : *250 g*

JAUNES D'ŒUFS : *60 g (2)*

SUCRE EN POUDRE : *40 g*

MAÏZENA : *25 g*

BEURRE : *30 g*

GÉLATINE EN FEUILLES (2g) : *4*

VANILLE EN GOUSSES : *2*

Crème pâtissière

Réhydrater la gélatine dans de l'eau froide pendant 10 minutes.

Faire bouillir le lait avec les gousses de vanille fendues et grattées pendant 1 ou 2 minutes, puis retirer les gousses.

Fouetter les jaunes d'œufs avec le sucre.
Ajouter la Maïzena et verser dessus la moitié du lait.

Remettre dans la casserole et faire cuire à feu moyen sans cesser de remuer pendant environ 3 minutes.

Hors du feu, ajouter la gélatine essorée et le beurre.
Puis laisser refroidir à 30 °C.

BLANCS D'ŒUFS : *50 g (1 ou 2)*

EAU : *40 g*

SUCRE EN POUDRE : *100 g*

Meringue italienne

Dans une casserole placée sur feu moyen, mélanger l'eau et le sucre pour réaliser un sirop. Lorsque la température du sirop atteint 114 °C, commencer à monter les blancs en neige. Faire couler dessus en un mince filet le sirop à une température de 118 °C.

Fouetter jusqu'à refroidissement tiède.

Incorporer le 1/3 de la meringue italienne à la crème pâtissière préalablement fouettée à la main.

Incorporer les 2/3 restants avec une maryse. On obtient alors la crème chiboust.

Mettre la crème chiboust dans les petits moules tourbillons et placer au congélateur pendant 2 à 3 h.

3 Crémeux au pamplemousse rose

GÉLATINE EN FEUILLES (2g) : *2*

JUS DE PAMPLEMOUSSE ROSE : *73 g*

JUS DE CITRON VERT : *10 g*

LAIT ENTIER : *35 g*

ŒUFS : *100 g (2)*

SUCRE EN POUDRE : *60 g*

BEURRE DE CACAO : *20 g*

BEURRE : *135 g*

MAÏZENA : *20 g*

PAMPLEMOUSSES ROSES : *2*

En lieu et place du pamplemousse rose, on peut bien sûr aussi utiliser du pamplemousse jaune.

Réhydrater la gélatine en la trempant dans l'eau froide pendant 10 minutes.

Verser dans une casserole le jus de pamplemousse, le jus de citron et le lait. Faire chauffer à feu doux.

Fouetter les œufs et le sucre. Puis ajouter la Maïzena et bien mélanger.

Verser le lait et les jus dessus. Fouetter et remettre dans la casserole.

Cuire à feu moyen sans cesser de remuer jusqu'à épaississement du mélange.

Veillez à ne pas trop chauffer le mélange jus et lait avant d'incorporer les jaunes d'œufs et la Maïzena. Sinon, le mélange risque de tourner.

Hors du feu, ajouter la gélatine essorée et le beurre de cacao. Puis laisser refroidir à 40 °C.

Ajouter le beurre en mixant avec le mixeur plongeant.

Peler à vif les pamplemousses et préparer des suprêmes. En réserver 6 pour la décoration, et bien les éponger avec du papier absorbant.

Remplir les tartelettes avec le crémeux. Incorporer les morceaux de suprêmes et bien lisser le dessus. Puis réserver au frais.

Montage des tartelettes

SPRAY VELOURS BLANC : *1*

SPRAY VELOURS ROSE : *1*

FEUILLE D'ARGENT : *1*

SUPRÊMES DE PAMPLEMOUSSE : *6*

Sortir les tourbillons de crème chiboust du congélateur et les poudrer en blanc. Puis faire un très léger nuage de spray rose.

Placer le tourbillon sur les tartelettes. Déposer par-dessus un suprême de pamplemousse et un morceau de feuille d'argent.

Poudrer un entremets

Préparer des suprêmes d'agrumes

Glossaire

Bain-marie : récipient contenant un liquide chaud destiné à chauffer un autre récipient.

Bec d'oiseau : effet naturel pointu en forme de bec d'oiseau obtenu après avoir fouetté des blancs d'œufs et du sucre ou de la crème.

Beurre pommade : beurre d'une consistance souple et lisse, placé à température ambiante puis travaillé à la spatule.

Blanchir : fouetter vigoureusement jusqu'à obtention d'un mélange mousseux et clair.

Brunoise : préparation obtenue en coupant des fruits en petits cubes réguliers.

Chablonner : enduire au pinceau un biscuit d'une fine couche de chocolat fondu pour l'imperméabiliser.

Chemiser : recouvrir les bords intérieurs d'un moule d'une couche destinée à éviter que le contenant colle. Il peut s'agir de papier sulfurisé, mais aussi d'autre chose comme de beurre, de farine ou de sucre.

Compoter : cuire lentement de façon à obtenir la consistance d'une compote.

Crémer : rendre crémeux en fouettant énergiquement une matière grasse seule ou mélangée à du sucre.

Décuire : provoquer la baisse soudaine de température d'un liquide en vue de lui conférer une consistance moelleuse.

Délayer : mélanger une substance à un liquide.

Détailler : découper dans la pâte des morceaux d'une forme précise.

Détendre : rendre plus liquide une pâte ou un appareil en ajoutant de la crème, du lait ou des œufs.

Détrempe : mélange pâteux de farine et d'eau, première étape de la réalisation d'une pâte.

Dorer à l'œuf : enduire avec un pinceau la surface d'une pâte de jaune d'œuf battu avant la cuisson. Le résultat recherché est un aspect plus brillant.

Dresser : à l'aide d'une poche à douille, donner une forme à un appareil ou à une pâte.

Émulsionner : mélanger deux ingrédients non miscibles grâce à un fouettage énergique.

Filmer au contact : disposer un film alimentaire directement sur une crème ou une préparation. Il s'agit d'empêcher ainsi tout contact avec l'air.

Flamber : chauffer de l'alcool dans une casserole avant de l'enflammer et de le répandre sur un dessert.

Foncer : garnir de pâte l'intérieur d'un cercle de pâtisserie ou d'un moule en lui donnant sa forme.

Fouetter : battre vigoureusement un liquide au moyen d'un fouet de cuisine.

Fraiser une pâte : malaxer les différents ingrédients d'une pâte en l'écrasant de la paume de la main et en la poussant vers l'avant pour la rendre homogène.

Garnir : fourrer une préparation, ou remplir un moule ou une poche.

Glaçage : couche extérieure lisse et souvent brillante recouvrant un dessert.

Imbiber : mouiller une préparation avec un liquide destiné à la parfumer.

Faire pousser une pâte : attendre pour laisser agir la levure afin que la pâte lève avant la cuisson.

Marbrer : former des veines colorées, souvent au moyen d'un petit couteau.

Monter les blancs en neige : fouetter énergiquement les blancs d'œufs jusqu'à obtenir un mélange solide et vaporeux.

Napper : Verser une crème ou un coulis pour recouvrir l'ensemble d'une préparation. « Cuire à la nappe » signifie chercher la consistance d'une crème telle que la préparation recouvre la spatule comme une nappe recouvre une table.

Pocher : disposer au moyen d'une poche à douille.

Préparation : étape de réalisation d'une recette.

Réserver : mettre de côté temporairement un ingrédient ou une préparation.

Se tenir : se montrer assez ferme pour ne pas couler de la cuillère.

Suprême : quartier d'agrume préalablement séparé de toute peau et enveloppe blanche.

Tamiser : passer au travers d'une petite passoire afin d'éliminer grumeaux et scories éventuels.

Torréfier : toaster au four en chauffant un ingrédient à sec afin d'en retirer l'eau.